GW00686184

ESPAÑOL SIN FRONTERAS
3

LIBRO DEL ALUMNO
NIVEL AVANZADO

Jesús Sánchez Lobato
Concha Moreno García
Isabel Santos Gargallo

SOCIEDAD GENERAL ESPAÑOLA DE LIBRERÍA, S.A.

Primera edición, 1999

Produce SGEL - Educación
Avda. Valdelaparra, 29.
28108 ALCOBENDAS (MADRID)

Agradecemos muy sinceramente la colaboración de PLAZA Y JANÉS, QUINO/QUIPOS, DIARIO EL PAÍS, DIARIO EL MUNDO, MAGISTERIO ESPAÑOL, ANTONIO GALA, ROMEU, Y F.H. PINZÓN JIMENEZ, por permitirnos reproducir fragmentos de sus obras, y la gentileza de la revista FOTOGRAMAS, al cedernos amablemente las fotografías de películas españolas.

© Jesús Sánchez Lobato
   Concha Moreno García
   Isabel Santos Gargallo

© Sociedad General Española de Librería, S. A., 1999
   Avda. Valdelaparra, 29. 28108 ALCOBENDAS (MADRID)

Cubierta: Carla Esteban.
Maquetación: Susana Belmonte y Óscar Belmonte.
Dibujos: Carlos Molinos
Fotos: Agencia EFE, Archivo SGEL.

ISBN: 84-7143-761-9
Depósito legal: M. 21.324 - 1999
Printed in Spain - Impreso en España.

Composición: Susana Belmonte y Óscar Belmonte.
Fotomecánica: Negami, S.L.
Impresión: Gráficas Peñalara, S.A.
Encuadernación: Rústica Hilo, S.L.

Este nuevo método para extranjeros está dirigido a adultos, universitarios y profesionales, que se acercan por vez primera a la lengua y cultura españolas. Es un método ágil y científicamente graduado.

Consta de tres niveles: elemental, medio y superior.

La doble consideración de la lengua como sistema y como instrumento de comunicación nos ha llevado a dar prioridad compartida a los **contenidos gramaticales y funcionales**. Por ello, hemos perseguido un equilibrio perfecto, pocas veces conseguido en los métodos de español, mediante la integración rigurosa y progresiva de dos componentes:
- los elementos gramaticales y léxicos, y su empleo en situaciones concretas de comunicación.
- los elementos funcionales necesarios para el desarrollo de la competencia comunicativa.

Por esta razón, podemos decir que *Español sin fronteras* es un **método a la vez comunicativo y gramatical**, que utiliza modelos de lengua auténticos en contextos reales. Para cada área temática, además del léxico estándar, se presentan las variantes hispanoamericanas más frecuentes, con indicación del país o países de origen.

En este método se han tenido en cuenta sugerencias y aportaciones de profesores con gran experiencia en la enseñanza del español. Los problemas del aprendizaje del alumno extranjero constituyen el punto de partida de la progresión didáctica de *Español sin fronteras*.

CONTENIDOS

	FUNCIONES	GRAMÁTICA	SE DICE ASÍ	SECCIÓN CULTURAL
UNIDAD 6				
¡DIGAN LO QUE DIGAN!	Hablar de dificultades para la realización de algo.	*Por mucho/más que* + INDICATIVO/SUBJUNTIVO.	Expresiones para ordenar la argumentación.	HOLA, ¿ESTÁS SOLA? Icíar Bollaín.
	Expresar reproches sobre las consecuencias negativas de una acción o actitud.	*Por muy* + ADJETIVO + *que* + SUBJUNTIVO.		
	Exponer las razones de algo.	*Y eso que, y mira que, si bien* + INDICATIVO.		
	Convencer de algo a alguien.	*Verás, deja que te explique…*		
	Expresar inevitabilidad.	*Pase lo que pase / Quieras o no.*		
UNIDAD 7				
¡NO ES TAN INCREÍBLE COMO IMAGINABA!	Realizar comparaciones: Igualdad, superioridad e inferioridad.	Estructuras comparativas.	Tópicos y estereotipos.	BELLE ÉPOQUE Fernando Trueba.
	Comprobar impresiones pasadas.	*Es tan* + ADJETIVO + *como* + VERBO.		
	Expresar decepción.	*Es idéntico a, se parece a…*		
	Hacer cumplidos y reaccionar.	*No más de / no más que.*		
	Comparar aspecto físico y carácter.			
UNIDAD 8				
DEBERÍAS HABER...	Expresar consejos y sugerencias irrealizables.	*Deberías / podrías haber* + PARTICIPIO.	Jóvenes y sociedad.	LA BUENA VIDA David Trueba.
	Expresar fastidio.	*Deberías / podrías* + INFINITIVO.		
	Expresar rechazo ante una acción que continúa.	*¡Pero es que siempre has de* + INFINITIVO?*		
	Expresar el comienzo neutro de una acción.	*Pasarse la tarde / el día* + GERUNDIO.		
	Expresar el transcurso de una acción comenzada en el pasado.	*Empezar / comenzar a* + INFINITIVO.		
	Expresar una acción habitual.	*Llevar* + GERUNDIO.		
		Soler + INFINITIVO.		
UNIDAD 9				
PUES A PILAR ÚLTIMAMENTE LE HA DADO POR...	Expresar el comienzo neutro de una acción.	*Empezar a* + INFINITIVO.	Onomatopeyas de animales.	LOS PEORES AÑOS DE NUESTRA VIDA Fernando Trueba.
	Expresar la sustitución de una actividad por otra.	*Ponerse a* + INFINITIVO.		
	Expresar el inicio no justificado de una acción.	*Darle a uno por* + INFINITIVO.		
	Expresar reiteración de una acción.	*Volver a* + INFINITIVO.		
	Expresar el término de una actividad.	*Dejar de* + INFINITIVO.		

UNIDAD 10	REVISIÓN

	FUNCIONES	GRAMÁTICA	SE DICE ASÍ	SECCIÓN CULTURAL
UNIDAD 11 **HACÍA SIGLOS QUE NO NOS VEÍAMOS**	Mostrar contrariedad. Expresar intención. Expresar inmediatez en la hipótesis. Expresar cortesía. Preguntar pidiendo acuerdo. Asegurar que algo va a ocurrir. Expresar que se ha hecho algo sin saber porqué.	Los pasados. *Desde (que)* *Hace / hacía que.* *Al cabo de.* *¿A que* + INDICATIVO? *Ya* + FUTURO. *Darle a uno por…*	El sufijo *-azo* y sus valores.	TAXI Carlos Saura.
UNIDAD 12 **CADA UNO ES COMO ES, ¡QUÉ LE VAMOS A HACER!**	Describir y caracterizar. Expresar estados. Comparar un estado actual con otro momento. Expresar transformaciones.	Usos fijos de *ser* y *estar*. *Con* y *de*. Frases hechas para definir y caracterizar. *… y todo.* *¡Y dale!* *¿A qué viene…?* *¿Qué / quién va / iba a* + INFINITIVO?	Sufijos *-ado*, *-ada* y sus valores.	FAMILIA Fernando León.
UNIDAD 13 **AQUÍ SE VIVE MEJOR**	No expresar el sujeto. Enfatizar la acción. Reprochar con incredulidad. Criticar o rechazar las intenciones del otro. Prevenir / evitar una posibilidad no deseada.	La pasiva con *ser* y *estar*. Recursos para evitar la pasiva. Otras construcciones impersonales. *Parece mentira que* + SUBJUNTIVO. *¿Qué quieres, que…?* *No vaya a* + INFINITIVO.	Construcciones adverbiales.	COMO AGUA PARA CHOCOLATE Alfonso Arau.
UNIDAD 14 **¡YO NO HE DICHO ESO!**	Enfatizar el sujeto o los complementos. Evitar la ambigüedad. Responsabilizar al sujeto. Dar consejos, sugerencias. Generalizar y dar instrucciones. Expresar involuntariedad. Implicar a la persona en la acción indirectamente. Protestar, disuadir.	Los pronombres sujeto. Los pronombres directo e indirecto. Valores del c. indirecto. Construcciones con *se* + VERBO + SUSTANTIVO concertado. *Ya ni* + INFINITIVO/ GERUNDIO / constr. preposicional *No vengas* + GERUNDIO / cons. preposicional *Si es que* + frase.	VERBO + pronombre con cambio de significado.	ALMA GITANA Chus Gutiérrez.

UNIDAD 15   REVISIÓN

¡DE CINE!

¡HOLA! ¿ESTÁS SOLA?

Director: Icíar Bollaín.
Guión: Icíar Bollaín, con la colaboración de Julio Medem.
Fecha: 1995

CARNE TRÉMULA

Director: Pedro Almodóvar
Guión: Pedro Almodóvar
Fecha: 1997

TAXI

Director: Carlos Saura
Productor: Concha Díaz. Javier Castro
Guión: Santiago Tabernero
Fecha: 1996

FAMILIA

Director: Fernando León
Productor: Elías Querejeta
Guión: Fernando León
Fecha: 1997

ALMA GITANA

Directora: Chus Gutiérrez
Guión: A. Conesa, J. Vicente, J. Jordá y C. Gutiérrez
Fecha: 1997

PAJARICO

Director: Carlos Saura
Fecha: 1997
Premio al Mejor Director Festival de Montreal 1997

LOS PEORES AÑOS DE NUESTRA VIDA

Director: Emilio Martínez-Lázaro
Productor: Fernando Trueba
Guión: David Trueba
Fecha: 1997

BELLE ÉPOQUE

Director: Fernando Trueba
Guión: Rafael Azcona
Fecha: 1992
Óscar a la Mejor Película Extranjera, 1992

VIRIDIANA

Director: Luis Buñuel
Guión: Julio Alejandro y Luis Buñuel
Fecha: 1961

COMO AGUA PARA CHOCOLATE

Director: Alonso Ara
Guión: Laura Esquive
Fecha: 199

FRESA Y CHOCOLATE

Director: Tomás Gutiérrez Alea
y Juan Carlos Tabío
Guión: Senel Paz
Fecha: 1993
**Premio al Mejor Guión del Festival de
Cine Latinoamericano de
La Habana, 1992**

LA BUENA VIDA

Director: David Trueba
Guión: David Trueba
Fecha: 1996

¿QUÉ CONOCES YA DEL CINE ESPAÑOL E HISPANOAMERICANO?

1. **Relaciona el nombre de las siguientes películas con el de su director.**

Carne Trémula	Carlos Saura
Pajarico	Pedro Almodóvar
Fresa y Chocolate	Fernando Trueba
Belle Époque	Alfonso Arau
Como agua para chocolate	Tomás Gutiérrez Alea

2. **Señala las películas que más premios internacionales han conseguido.**

PELÍCULA	PREMIO

3. **¿ Recuerdas el nombre de algún actor de los que intervienen en esas películas?**

Fernando Rey	Viridiana
Penélope Cruz	

¿QUÉ SIGNIFICARÁ EL SUEÑO QUE TUVE ANOCHE?

PRETEXTO

JUNTO A LA MÁQUINA DE CAFÉ EN LA LA OFICINA.

△ Chico, no tienes muy buena cara, ¿te pasa algo?

○ Nada serio, es que anoche tardé en dormirme y después, me desperté varias veces sobresaltado.

△ ¿Y eso?

○ Pues, mira, no sé… Llevo varias semanas así: **me cuesta** conciliar el sueño, me quedo despierto **hasta las tantas** y, cuando lo consigo, **debo de pasarme** toda la noche soñando, porque me despierto tremendamente cansado…

△ **Vamos**, como si no hubieras **pegado ojo** en toda la noche, ¿no?

○ Pues, sí. Si sigo así, voy a tener que ir al médico…

△ Y cuando te despiertas, ¿recuerdas lo que has soñado?

○ A veces, sí, y, a veces, no: depende…

△ Te lo pregunto, porque yo normalmente no recuerdo los sueños cuando me despierto, pero hay uno que se repite muchas veces …

△ ¿Y **de qué va**?

○ Pues tengo que coger un avión; entonces, me veo conduciendo el coche en dirección al aeropuerto y, cuando estoy a punto de llegar, me doy cuenta de que es tarde; de que, en realidad, el avión ya ha despegado; pero aun así, sigo corriendo para intentar cogerlo… Y finalmente me despierto.

△ Con la angustia de no haber podido coger el avión, ¿no?

○ ¡Qué va! Con la angustia de estar intentando cogerlo, a pesar de saber que no voy a alcanzarlo porque ya ha despegado.

△ ¡Ufff…! Chico, eso todavía es más complicado de lo que parece.

○ Y siempre me pregunto qué significará este sueño.

¿Qué significarán estas expresiones? Fíjate en el contexto en que han aparecido y elige una opción.

1. me cuesta
   a) es muy caro
   b) me resulta difícil
   c) me resulta imposible

2. debo de pasarme
   a) probablemente me paso
   b) tengo que pasarme
   c) voy a pasarme

3. hasta las tantas
   a) hasta muy tarde
   b) pasada la medianoche
   c) tardas tanto

4. vamos
   a) date prisa, que nos vamos
   b) mira, que…
   c) lo que quieres decir es que…

5. no pegar ojo
   a) no poder dormir
   b) despertarse
   c) estar somnoliento

6. de qué va
   a) cómo va
   b) a qué se dedica
   c) de qué trata

1. Escucha la siguiente reflexión sobre *Los sueños* y señala cuál de las siguientes afirmaciones es verdadera:

	V	F

a. Los sueños constituyen un mundo mágico e insondable.

b. Todos los sueños tienen una explicación lógica.

c. El mecanismo de los sueños forma parte del funcionamiento del cerebro.

2. Ahora vas a leer dos fragmentos literarios en los que se narran sueños o se reflexiona sobre ellos.

Yo suelo tener pesadillas[1], pesadillas o lo que sea[2], que sobre eso habría mucho que hablar. Porque, por ejemplo, usted mismo alguna vez sueña, ¿no? Y no pasa nada. Lo más seguro es que no recuerde luego ni golpe[3]. O todo lo más, algún detalle. Pero es que a mí, ¡hombre, lo que a mí me pasa! Sueño que yo tengo, algo que se tritura[4], palabra[5]. Quiero decir que pasa algo de lo que he soñado. ¿Me entiende? Sí. Le digo que ya hasta tengo miedo de acostarme, porque si entra la racha[6], no veo más que tragedias por todas partes. ¿Que si he tenido alguno de signo bueno[7], o sea, vamos[8], feliz? Claro, pues no faltaba más[9], pero ¡han sido tan pocos!

ALONSO ZAMORA VICENTE, *A traque Barraque*.

1 **Pesadilla:** sueño que produce angustia o temor.
2 **Lo que sea:** algo que no sé nombrar.
3 **Ni golpe:** nada.
4 **Se tritura:** se destroza.
5 **Palabra:** en serio.
6 **Entra la racha:** repetición de hechos en un mismo sentido.
7 **De signo bueno:** positivo.
8 **Vamos:** es decir.
9 **No faltaba más:** por supuesto.

Se despertó sobresaltado

– ¿Y tía Jessica? ¿Qué ha pasado con tía Jessica?

Caroline le miró desde la cama con ojos asutados. Luego los volvió hacia la puerta.

– ¿Tiene que venir? - preguntó Caroline -. Yo no quiero que venga.

Jeremy consultó el reloj, se puso de pie y se acercó a la cama.

– No, bonita. No va a venir. Es que he tenido una pesadilla. Íbamos tú y yo huyendo de ella en un tren raro. A los lados de la vía crecían frutas rojas.

– Eso no es una pesadilla, es una aventura.

CARMEN MARTÍN GAITE, *Irse de casa*.

3. Aquí tenéis uno de mis últimos sueños. ¿Podéis recordar cada uno de vosotros un sueño que hayáis tenido recientemente? Contádselo a vuestros compañeros y tratad de buscar una explicación entre todos.

¡Imagínate qué tontería soñé anoche! Pues resulta que era de noche y tú y yo estábamos en una ciudad desconocida… y, de repente, una luz enorme y un viento muy fuerte no nos permitían movernos… Estábamos como paralizados y un segundo después nos encontrábamos en un campo de girasoles. ¿Qué crees que significará todo esto?

¡Me caigo de sueño!

¡Tengo un sueño que no veo!

¡Me muero de sueño!

GRAMÁTICA ¡VAMOS A REFLEXIONAR!

EXPRESAR DUDA Y PROBABILIDAD

¿Recuerdas cómo expresamos la duda en español? Completa:

△ ¡Qué raro! Lars no ha venido al examen… Me pregunto qué le habrá pasado.

○ **Probablemente (acostarse)** .... ayer a las tantas y …¡claro! No habrá oído el despertador.

△ No creo, porque anoche hablé con él y estaba en casa estudiando.

○ Pues **a lo mejor (decidir)** .... dejarlo para septiembre.

△ No sé, luego le llamaré para ver qué ha pasado.

Quizá(s) Tal vez Probablemente Seguramente Posiblemente	**+ INDICATIVO/SUBJUNTIVO**

A lo mejor Igual Lo mismo	**+ INDICATIVO**

Es probable que Es posible que Puede ser que Puede que	**+ SUBJUNTIVO**

UTILIZAMOS ESTAS ESTRUCTURAS CUANDO NO ESTAMOS SEGUROS DE ALGO, SINO QUE LO SUPONEMOS, LO IMAGINAMOS O HACEMOS HIPÓTESIS.

¿DÓNDE HABRÉ METIDO LAS LLAVES?

¿QUÉ HORA SERÁ?

¿CUÁNTO COSTARÁ UN COCHAZO COMO ÉSE?

¿QUIÉN ME HABRÁ MANDADO ESTAS FLORES?

△ **Me pregunto cuánto tiempo tardará** el ser humano en convertir Marte en un planeta habitable…

○ Pues, no sé… Pero es posible que nosotros no lo veamos.

· Me pregunto… · Supongo que… · Imagino que… · Pues, no sé… , pero…	**+ INDICATIVO**

Para contestar a una pregunta como ésta:	Si lo sabes y estás seguro:	Si no estás seguro, pero lo supones:
• ¿Qué hora **es**?	· **(Son)** las tres menos diez. PRESENTE	· No sé, **serán** las tres. FUTURO
• ¿Cómo es que María no **ha llegado** todavía?	· Es que **ha tenido** que quedarse en la oficina, parece que había mucho trabajo. PRETÉRITO PERFECTO	· Pues no sé… Supongo que **habrá tenido** alguna reunión imprevista. FUTURO PERFECTO
• ¿Cuántos años dices que **tenía** la chica que te presentaron ayer?	· **(Tiene/tenía)** veinte años. Un poco joven para mí, ¿no? IMPERFECTO	· Pués **tendría** unos veinti-tantos… No sé, por ahí… CONDICIONAL
• ¿Sabes dónde **estuvo** ayer Rocío? La estuve buscando durante toda la mañana…	· Es que **tuvo que ir** al médico, porque últimamente no se encuentra muy bien. PRETÉRITO	· Pues no sé… **Estaría** enferma. CONDICIONAL

1. El futuro se usa necesariamente en las preguntas retóricas, es decir, aquellas que no esperan respuesta:

> – (Me pregunto) **dónde habré dejado** las gafas…

2. También usamos el futuro cuando no estamos seguros de algo actual:

> △ ¿Cuántos años crees que tiene?
> ○ No sé, **tendrá** unos veinte.

3. Cuando contamos una historia y no recordamos algún dato, usamos el condicional:

> – Fue un verano estupendo… La verdad es que no sé en qué año exactamente…
> Supongo que **sería** a finales de los setenta…

DEBER + INFINITIVO

△ Llevo varias semanas con una tos horrible…
○ Pues **deberías ir** al médico, ¿no crees, Vidal?

CONSEJO

DEBER DE + INFINITIVO

△ Sabes a qué hora empieza la conferencia?
○ **Debe de empezar** a las siete… De todas formas, llama por teléfono. Así saldremos de dudas.

PROBABILIDAD

VAMOS A PRACTICAR

1. Completa los siguientes diálogos utilizando futuro o condicional para expresar probabilidad.

1. △ Todavía no ha llegado nadie… ¡Qué raro!
○ Supongo que no (tardar, ellos) .... ¡No te preocupes!

2. △ ¿Dónde (poner, yo) .... las llaves del coche? Con la prisa que tengo…
○ Mira a ver si están en la cocina…

3. △ ¿Cómo es que ayer no estaba Rocío en la secretaría?
○ No sé… ¿A qué hora fuiste?
△ A eso de las once.
○ Pues (ir, ella) .... a tomar un café o a hacer fotocopias. **¡Vete tú a saber!**

4. △ Todavía no han vuelto los vecinos…
○ Pues (quedarse, ellos) .... unos días más en la playa. Como hace tan buen tiempo…
△ **Ya**… Pero antes de irse dijeron que el día 1 tenían que volver, que el niño tenía un examen en el colegio.

5. △ ¿Qué hora tienes?
○ Me he dejado el reloj en casa, pero (ser) .... las tres **y pico**.
△ **¡Uy**, qué tarde es ya!

> **¡Vete tú a saber!:** ¿Quién puede saberlo?
> **Y pico:** Más de las tres en punto.
> **Ya:** Entiendo lo que me dices.
> **¡Uy!:** Interjección que expresa sorpresa.

2. Completa con los tiempos y modos adecuados. ¡Recuerda que a veces utilizamos los futuros y el condicional para hacer hipótesis!

Ayer tuve una entrevista de trabajo. Por el camino (ir, yo) .... pensando: "¿Me (dar, ellos) .... el trabajo?, ¿(haber) .... más candidatos? Y si los hay, ¿(estar, ellos) .... mejor preparados que yo?, ¿qué me (preguntar, ellos) .... ?" (Llegar, yo) .... cinco minutos antes de la hora a la que me (citar, ellos) .... y una señorita me (decir, ella) .... que (sentarme) .... en la sala de espera. (Esperar, yo) .... quince minutos.

Me sentía como si (ir) .... a hacer un examen. **¡Estaba como un flan!** De repente, alguien (salir) .... y la señorita me dijo que (entrar, yo) .... El hombre que me (recibir, él) .... , (ser) .... alto y delgado, (llevar) .... un traje verde de estilo italiano y una corbata elegante. (Tener, él) .... una voz suave y mi *currículum vitae* en sus manos.

> **¡Estaba como un flan!:** Estaba muy nervioso(a).

3. Una madre desesperada se ha dirigido al escritor Antonio Gala con esta carta. Léela con atención.

Mi hija está cada vez peor. Los médicos no dan con lo que tiene. Dicen que será algo psíquico; yo no lo sé. No siente interés por nada. Acabó la carrera de Geología, y desde entonces ni hace, ni busca qué hacer, ni come, ni duerme. Cada día que pasa la encuentro más amarga. Ella, que era tan alegre, ahora es la pura desgana. Se pasa el tiempo tumbada en la cama: si sale del dormitorio es para abandonarse en un sillón: no cambia de postura durante horas.(...) Soy viuda. Tengo tres hijos: Susana es la menor; los otros se han casado ya. Eso le digo yo: "Cásate, hija. ¿Por qué no te casas?" Ella, por toda respuesta, se echa a llorar a mares y se encierra en su cuarto. Le escribo esta carta porque usted es el único hombre que podría comprenderme. Si usted quisiera, si usted pudiera...

ANTONIO GALA, *El País Semanal.*

> **¡Fíjate!**
> *Dicen que **será** algo psíquico.*
> **será = debe de ser = probablemente sea.**

Escribe a la madre de Susana, exponiendo tus consejos y tus hipótesis acerca del problema de su hija.

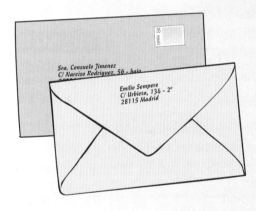

Estimada señora:

He leído atentamente la carta que usted le dirigió a D. Antonio Gala, no sé si seré capaz de ayudarle, pero voy a intentarlo. Como usted, me pregunto cuál será la razón de tanta tristeza... ¿No será que...? ¿No es posible que...? O, quizá, lo que pasa es que...

4. Ahora escucha el relato de Susana y contrasta con las hipótesis que expusiste en tu carta. Después, completa con VERDADERO o FALSO las siguientes afirmaciones:

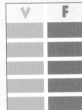

a. Susana padece una fuerte depresión.

b. Susana ha tenido un desengaño amoroso.

c. Vicente se ha equivocado.

d. Susana no quiere casarse.

e. Vicente va a casarse.

5. La secretaria del centro donde estudias -a quien todos conocéis- hace días que ha desaparecido. ¿Qué le habrá pasado? Recordad lo que os dijo a cada uno de vosotros la última vez que hablasteis con ella e intercambiad vuestras hipótesis.

ALUMNO 1

Me voy una semana al campo, a cazar mariposas de colores. Cuando era niña, lo hacía todos los domingos.

ALUMNO 2

Se ha borrado toda la información del disco duro del ordenador.

ALUMNO 3

Probablemente, la próxima semana se suspendan las clases (no te dio más explicaciones).

ALUMNO 4

Anoche tuve un sueño extrañísimo.

ALUMNO 5

Estoy leyendo una novela policiaca que se desarrolla en Venecia, y todavía no han encontrado al asesino.

ALUMNO 7

Voy a salir un momento a comprar el periódico. Vuelvo en cinco minutos.

ALUMNO 8

No me encuentro demasiado bien esta mañana. Me voy a casa.

ALUMNO 6

Mira, ahora no te lo puedo explicar, pero tengo que ausentarme durante un par de horas.

ALUMNO 10

Nos han robado el vídeo y el radiocasete. Voy a la comisaría de policía a denunciarlo.

ALUMNO 9

Si necesitas algo, búscame en la biblioteca, estoy intentando localizar unos documentos antiguos.

ALUMNO 11

¡Oye!, ¿puedes dejarme la guía *Let´s go Europe*? Te la devolveré dentro de unos días.

ALUMNO 12

Tengo que irme urgentemente al hospital.

Fíjate en el siguiente modelo:

△ Yo la vi el lunes por la tarde en la cafetería, estaba tomando un café con un grupo de profesores. Me acerqué para pedirle información sobre la excursión del sábado...

○ ¿Y...?

△ Me dijo que no podía atenderme, que estaba ocupada, pero que la buscara en la biblioteca, que estaba intentando localizar unos documentos antiguos...

□ **Estará haciendo una investigación...**

○ A lo mejor. Pero eso no explica que haya desaparecido, ¿no?

SE DICE ASÍ Y ASÍ SE ESCRIBE

1. ¿Te habías dado cuenta de que algunas palabras llevan acento ortográfico y otras no, a pesar de que el acento de intensidad recae en la misma sílaba? Fíjate en los siguientes ejemplos:

camión ◄──────► hotel

lápiz ◄──────► mesa

2. Escucha y señala la sílaba en la que recae el acento de intensidad en las siguientes palabras:

menu	cadaver	volumen	trauma	boligrafo	casualidad
casual	telefono	arbol	sutil	estandar	periodico
enero	examen	pluma	silaba	periodo	movil
coñac	super	casete	cesped	abril	sintesis

3. Vamos a ver de qué depende la presencia o ausencia del acento ortográfico. En español hay tres tipos de palabras según el acento de intensidad:

AGUDAS (_ _ ´)	LLANAS (_ ´ _)	ESDRÚJULAS (´ _ _)
El acento de intensidad recae sobre la última sílaba. Sólo llevan acento ortográfico aquellas que terminan en **-n, -s** o **vocal**: *canción café*	El acento de intensidad recae sobre la penúltima sílaba. Sólo llevan acento ortográfico aquellas que **no** terminan en **-n, -s** o **vocal**: *azúcar cómic*	El acento de intensidad recae sobre la antepenúltima sílaba. **Todas** las palabras esdrújulas **llevan** acento ortográfico: *teléfono bolígrafo*

4. Ahora escucha de nuevo las palabras de la actividad 2 y coloca el acento ortográfico en las que lo necesiten.

5. Vas a escuchar una preciosa poesía de Juan Ramón Jiménez (Huelva, 1881- Puerto Rico, 1958). Algunas palabras han perdido su acento ortográfico, ¿dónde se habrá metido? Escucha y coloca el acento en aquellas palabras que lo necesiten.

Y yo me ire. Y se quedaran los pajaros cantando:
Y se quedara mi huerto, con su verde arbol y con su pozo blanco.

Todas las tardes, el cielo sera azul y placido; y tocaran, como esta tarde estan tocando las campanas del campanario.

Se moriran aquellos que me amaron; y el pueblo se hara nuevo cada año; y en el rincon aquel de mi huerto florido y encalado, mi espiritu errara nostalgico...

Y yo me ire; y estare solo, sin hogar, sin arbol verde, sin pozo blanco, sin cielo azul y placido... Y se quedaran los pajaros cantando.

FICHA TÉCNICA:
CARNE TRÉMULA
Director: Pedro Almodóvar
Guión: Pedro Almodóvar
Fecha: 1997

1. Primero, vamos a escuchar las reflexiones que el propio Pedro Almodóvar hace sobre su película, *Carne trémula*.

2. Ahora vamos a leer un fragmento del guión cinematográfico en el que está basada la película.

Víctor Plaza sale de la cárcel una mañana del caluroso invierno de 1997. Y al igual que el sol imprevisto enloqueció a moscas, grillos, cucos, cerezos, cigüeñas y mariposas, la presencia de Víctor va a provocar una verdadera catarsis en Elena, David, Sancho y Clara, sin pretenderlo, simplemente por el hecho de estar vivo, sano, libre (y caliente) como el sol. Elena es hija única de un diplomático italiano viudo, una de esas pobres niñas ricas, de infancia nómada y consentida. Al final de los 80, Elena tonteaba con el abismo, el caos y las drogas duras.

Pedro Almodóvar

El autobús llega a la parada que hay antes de Eduardo Dato. Es una de esas paradas en que los operarios se relevan y se distienden. Aprovechan para fumar un cigarrillo y estirar un poco las piernas. Las pocas personas que viajan en ese momento abandonan el autobús. Víctor no se mueve. El conductor saca un cigarrillo; antes de encenderlo y bajar a la acera, mira, inquisitivo, al muchacho.

CONDUCTOR.- La próxima parada es Eduardo Dato…
   Cuando lleguemos ahí, habremos
   dado una vuelta entera a Madrid…
VÍCTOR.- Ya lo sé.
CONDUCTOR.- ¿Qué pasa? **¿No piensas bajar?**
VÍCTOR.- No, yo continúo.
CONDUCTOR.- ¿Adónde vas?
VÍCTOR.- A ningún sitio…
CONDUCTOR.- **¡Cómo que a ningún sitio…!**
   ¡Esto no es un hotel…! ¡A algún sitio irás!
VÍCTOR.- Pues no…

CASA DE ELENA

ELENA.- Pero **¿qué coño haces aquí?**
VÍCTOR- Me has abierto tú.
ELENA.- ¿Yo…? ¡Creía que eras otra persona!
VÍCTOR.- ¡Pues soy yo! ¡Y te recuerdo que quedaste conmigo hace una semana!
ELENA.- **¡Oye, pero tú quién te has creído que…!**
VÍCTOR.- Ya… Estabas esperando a **un camello,** ¿no?
ELENA.- ¡Y a ti **qué coño te importa, imbécil!**
   ¡Largo de aquí!
VÍCTOR.- ¡Cuidado! ¡Que yo todavía no te he faltado al respeto! Me iré cuando me hayas dado una explicación…
ELENA.- ¿Una explicación?
VÍCTOR.- Joder, **no te pongas así…**
   Yo sólo quería hablar un poco…

PEDRO ALMODÓVAR
Carne trémula. Guión.

Joder: vulgarismo gramaticalizado que expresa fastidio y contrariedad (eufemismos: *jo, jolín, jolines, jopé*).
Coño: vulgarismo gramaticalizado que enfatiza una pregunta en este contexto.
Imbécil: vulgarismo que se utiliza como insulto.

3. Vamos a fijarnos en algunas expresiones que han aparecido en los fragmentos dialogados.

1. *¿No piensas bajar?*	**¿(ES QUE) NO PIENSAS+ INFINITIVO?**	*Para mostrar impaciencia y recriminar un comportamiento.*
2. *¡Cómo que a ningún sitio!*	**¡CÓMO QUE + REPETICIÓN DE LO DICHO POR EL OTRO!**	*Para manifestar desacuerdo y rechazo ante lo dicho por el otro.*
3. *¿Qué coño haces aquí?*	**¿QUÉ, QUIÉN, DÓNDE... + COÑO ...?**	*Para enfatizar una pregunta directa manifestando impaciencia o enfado.*
4. *¡No te pongas así!*	**¡NO + IMPERATIVO!**	*Para hacer un ruego o petición.*

4. No estás en absoluto de acuerdo con los planes e intenciones de tu compañero(a), así es que díselo.

△ *A ningún sitio...*
○ *¡Cómo que a ningún sitio! ¡Esto no es un hotel! ¡A algún sitio irás!*

1. No, en serio, no pienso presentarme al examen.
2. El coche, lo llevaré a lavar mañana. ¡Te he dicho que hoy no puedo!
3. ¿Ahora? Estoy viendo la película... Los fregaré cuando acabe, ¿vale?
4. Que no, que no voy al funeral del padre de Luis. Mira, a mí esas cosas...

5. ¡Tu paciencia se está acabando! Y tu compañero(a) parece no darse cuenta, pero ¡va a oírte!

△ *¿Qué pasa? ¿No piensas bajar?*
○ *No, yo continúo.*

1. Hace semanas que uno de tus alumnos no viene a clase. ¡Por fin aparece hoy!
2. Estás en un restaurante y hace media hora que esperas el postre.
3. Son las ocho y media y todavía no ha salido de casa para ir a la oficina. ¡Es tarde!
4. Hace una semana tu compañero de piso organizó una fiesta. Todavía no ha limpiado la cocina.

6. En situaciones difíciles o incómodas, más vale que hagamos uso de nuestros recursos más diplomáticos.

△ *¿Una explicación?*
○ *Joder, no te pongas así... Yo sólo quería hablar un poco...*

1. Te dije que necesitaba los libros para esta tarde... ¿Otra vez los has olvidado?
2. ¡Es que vamos...! ¡Es increíble! ¿No te dije que llamaras al fontanero?
3. ¡He dicho que no y, cuando digo que no, es que no! ¿Entiendes?
4. ¿Cómo es que no has fregado los platos...? ¿Qué te dije antes de irme? A ver, ¿qué te dije?

AHORA YA SABES

FUNCIONES

· Expresar probabilidad.
· Hacer hipótesis y conjeturas.
· Expresar duda y posibilidad.
· Hacer preguntas retóricas.
· Animar a alguien a que haga hipótesis.
· Mostrar impaciencia.

· Expresar desacuerdo y rechazo hacia lo dicho por otro.
· Enfatizar una pregunta.

GRAMÁTICA

· Futuros y condicionales para expresar probabilidad.
· Estructuras equivalentes con subjuntivo.
· DEBER/DEBER DE + INFINITIVO

· ¿NO CREES QUE + INDICATIVO?
· ¿ES QUE NO PIENSAS + INFINITIVO?
· ¡CÓMO QUE + REPETICIÓN DE LO DICHO POR EL OTRO!
· ¿QUÉ COÑO...?
· Reglas de acentuación (I): agudas, llanas y esdrújulas.

UNIDAD 2

DIJO QUE ESTABA ENFERMO Y QUE FUERAS TÚ POR ÉL

N° Fax: **91 650 14 50**	
De: **Kenn**	A: **Mercedes**
Fecha: **13 de febrero de 1999.**	
N° de páginas: **1**	

Mercedes, esta mañana no voy a poder ir a la oficina, es que tengo el estómago hecho polvo. Anoche debí de tomar algo que me sentó mal y me he pasado toda la noche en blanco. A ver si puedes hacer algunas cosas por mí...

Jenny me ayudó ayer con la presentación, así es que pídesela a ella, revísala y dile a Jaime que vaya a la reunión en mi lugar. Cuando terminéis, llamadme para decirme qué tal ha ido.

Otra cosa: prepárame una copia de las listas de precios, de las facturas de este mes y del presupuesto del año pasado. Mételas en un sobre y déjalo en recepción. Isabel pasará a recogerlo sobre las cuatro, así podré trabajar un poco en casa. Gracias. Espero veros mañana.
Un saludo, Kenn.

△ Mercedes, estoy buscando a Kenn, pero no está en su despacho... ¿Sabes **por dónde anda**?

○ Mandó un fax esta mañana temprano para decir que anoche tomó algo que **le sentó mal** y que no creía que pudiera venir hoy a la oficina.

△ ¡Vaya, pobre hombre! ¿Dijo algo sobre la reunión que tenemos hoy con los vendedores?

○ Sí, dijo que hablaras con Jenny, que ella tiene la presentación en el ordenador y que fueras tú por él a la reunión. ¡Ah..., y que después de la reunión, le llamaras para ver cómo había ido todo!

△ **¡Pues vaya follón....** con todo lo que tengo que hacer! **Bueno...** ¿Y Jenny?

○ Estaba por aquí hace un momento, habrá ido a hacer fotocopias...

△ Cuando vuelva, dile que me pase la presentación, por favor.

○ No te preocupes, en cuanto vuelva, se lo diré.

△ Gracias, Mercedes. **Por cierto**, ¿hemos recibido el pedido que hicimos ayer al almacén?

○ No, todavía no.

△ Pues llama a Manolo y dile que es urgente. **¡Qué tío**, es que nunca envía los pedidos a tiempo!

1. Vamos a ver el significado de las expresiones que hemos destacado en el texto. Relaciona los elementos de las dos columnas.

1. (Estar) hecho(a) polvo.	**A.** Dónde está.
2. Me he pasado toda la noche en blanco.	**B.** Quería comentarte algo que no tiene nada que ver con lo que estamos hablando.
3. Por dónde anda.	**C.** ¡Este hombre es increíble! (Se trata de una valoración que puede ser positiva o negativa).
4. Le sentó mal.	**D.** Estar muy cansado(a), deprimido(a) o enfermo(a).
5. ¡Pues vaya follón...!	**E.** No he podido dormir en toda la noche (*no he pegado ojo en toda la noche*).
6. Bueno...	**F.** Le produjo un efecto negativo en el organismo. (No hizo bien la digestión).
7. Por cierto ...	**G.** ¡Qué lío!
8. ¡Qué tío!	**H.** Cambiando de tema...

2. Completa con alguna de las expresiones que han aparecido en el recuadro anterior.

△ Castrol España, ¿dígame?

○ Hola, Marimar, soy Mª Carmen... ¿Podrías decirle al jefe que no voy a poder ir a la oficina hoy?

△ ¿Y eso? ¿Qué te pasa?

○ Verás, es que anoche cené en una marisquería y (1) .... , vamos, que me encuentro fatal...

△ ¡Vaya, lo siento!

○ (2) .... y estoy agotada. (3) ...., ¿hay alguna noticia sobre los resultados de este mes?

△ Sí, Javier ha sido seleccionado como mejor vendedor y ha ganado un viaje a Cuba.

○ ¡(4) .... , qué suerte tiene!

3. ¡Fíjate! Y completa de la manera adecuada.

¡Vamos a ver qué es exactamente lo que le escribió Kenn a Mercedes en el fax!

Nº Fax: *91 650 14 50*	
De: *Kenn*	A: *Mercedes*
Fecha: *13 de febrero de 1999.*	
Nº de páginas: *1*	

Mercedes, dile a Jaime que .... con Jenny, porque ella .... la presentación; y que .... él en mi lugar, y que después de la reunión me .... para ver cómo .... todo.

¿Y si Kenn le hubiera mandado el fax a Jaime? ¿Qué le habría dicho?

Nº Fax: *91 650 14 50*	
De: *Kenn*	A: *Jaime*
Fecha: *13 de febrero de 1999.*	
Nº de páginas: *1*	

Jaime, ... con Jenny, porque ella .... la presentación en el ordenador, ... tú en mi lugar y, después de la reunión, ... para ver qué tal .... todo.

¿RECUERDAS? CONJUGA EL VERBO EN EL TIEMPO Y MODO ADECUADOS.

Me pidió
Me dijo
Me recomendó
Me aconsejó
Me sugirió
Me ordenó
Me rogó
Logró
Consiguió
Exigió

que (ir) .... yo en su lugar.

Pedir, decir, recomendar, aconsejar, sugerir, ordenar, rogar, suplicar, mandar, exigir, lograr, conseguir, son verbos de influencia y exigen el uso del modo subjuntivo, cuando los sujetos son diferentes.

PARA REFERIRNOS A MANDATOS, SUGERENCIAS Y PETICIONES DE OTROS

ESTILO DIRECTO

IMPERATIVO
△ La verdad es que esta tarde no tengo ganas de salir, y en la tele no hay nada que me interese.
○ Pues **ve** al vídeo-club y alquila una película.

IMPERATIVO
△ Nada, que no me baja la fiebre…
○ Pues la reunión de mañana es muy importante, alguno de nosotros tiene que ir.
△ Si no te importa, **ve** tú por mí y discúlpame.

ESTILO INDIRECTO

PRESENTE DE SUBJUNTIVO
△ Perdona… ¿Qué dices? Es que con el ruido del secador no te he oído…
○ **Digo que vayas** a alquilar un vídeo.

P. IMPERFECTO DE SUBJUNTIVO
△ ¿Cómo es que no ha venido Kenn?
○ Hablé ayer con él, pero sigue igual. **Me pidió que viniera** yo en su lugar y me dijo que **disculparais** su ausencia.

POR

1. Tiempo aproximado (alrededor de esa fecha o período):
   – *Pensamos mudarnos por Navidad.*
2. Lugar aproximado:
   – *Tiene una casita por el Cabo de Gata.*
3. Causa de algo:
   – *Fue detenido por conducir ebrio.*
4. Medio o herramienta para realizar algo:
   – *Te he enviado las fotos por mensajero.*
5. Intercambio, sustitución o valor:
   – *Me ha vendido el coche por 250.000 ptas.*
6. Agente de la acción:
   – *Fue descubierto por la policía.*
7. Finalidad o propósito de una acción:
   – *Fui al pueblo por ver a mi madre.*
8. Con verbo de movimiento = *en busca de*:
   – *Ha ido por el pan.*
9. *Tener a alguien por* = expresa opinión o consideración subjetiva:
   – *La tengo por una persona muy sensata.*

PARA

1. Tiempo exacto:
   – *Tendrá las fotos reveladas para mañana.*
2. Dirección de un movimiento = hacia:
   – *Me dijo que iba para casa.*
3. Finalidad o propósito de una acción:
   – *He ido al médico para pedirle consejo.*
4. Comparación o estimación subjetiva:
   – *Aquí hay poco espacio para tantos libros.*

ESTAR POR + INFINITIVO

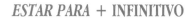

△ *¡Qué mal aspecto tienes…!*
○ *Sí, estoy por salir de Madrid unos días, la verdad es que estoy agotada.*

Expresa la inminencia de una acción o la intención de llevarla a cabo.

ESTAR PARA + INFINITIVO

△ *¡Uy qué nubes…!*
○ *Sí, parece que está para llover.*

Expresa una acción que todavía no se ha realizado.

VAMOS A PRACTICAR

 1. En parejas, uno de vosotros ha de salir fuera de la clase; mientras, el otro escucha el siguiente mensaje telefónico y se lo transmite a su compañero cuando éste vuelva al aula.

2. Completa el siguiente diálogo con los tiempos y modos verbales adecuados.

△ ¿Qué te parece el Programa de la Universidad de Vanderbilt en España?

○ **En conjunto**, excelente. Indudablemente (haber) .... aspectos que se (poder) .... mejorar…

△ ¿A qué (referirse, tú) .... exactamente?

○ **Bueno**, uno de los problemas de los alumnos (ser) .... que (pasar) .... demasiado tiempo juntos y (hablar)................. en inglés: en las clases, en las excursiones…

△ **Ya**, pero me han dicho que (tener, ellos) .... un sistema de tutores españoles con los que (practicar, ellos) .... el español…

○ Sí, este sistema (funcionar) .... muy bien. Yo siempre les recomiendo que (aprovechar) .... esta oportunidad que les (ofrecer) .... el Programa; que, cuando (salir, ellos) .... con el tutor o tutora que les (asignar, ellos) .... , les (preguntar, ellos) .... todo lo que no (entender) .... , que (tomar) .... nota de las nuevas palabras y expresiones; pero, sobre todo, que no (hablar) .... entre ellos en inglés.

△ Supongo que los alumnos también (manifestar) .... sus propias quejas…

Sí, suelen quejarse de que el Programa no les permite que (alquilar) .... coches o motocicletas; pero, como (poder, tú) .... imaginar, esto sólo constituye una medida de prevención que (considerar, yo) .... normal.
Por otro lado, se quejan de que las familias españolas con las que (vivir, ellos) .... no les (dejar) .... hablar por teléfono cuando (querer) .... , ni que (invitar) .... a sus amigos a casa.

△ ¿Qué le recomendarías a un joven estudiante que va a pasar un semestre en España?

○ Pues **mira**, le aconsejaría que (hacer) .... todo lo que (ser) .... posible para mejorar su español e involucrarse en la cultura y vida españolas, **que de eso se trata**, ¿no?

1. En conjunto.	A. Porque esa es la cuestión.
2. Bueno…	B. Teniendo en cuenta todos los aspectos.
3. Ya…	C. Escucha, que te lo voy a explicar.
4. Mira…	D. Después de pensar en ello, puedo decirte que…
5. …que de eso se trata.	E. Entiendo lo que me dices…

3. Parece que nos hemos quedado sordos. Lee los siguientes diálogos y conjuga los verbos en el tiempo y modo adecuados.

1. △ Alfonso, échale gasolina al coche, que casi no queda. La llave está encima de mi cama…

○ ¿Qué dices?

△ Que le (echar, tú) .... gasolina al coche, que el depósito está en la reserva.

2. △ Esta mañana, al marcharte, me pareció que decías algo, pero no pude oírte con el ruido de la ducha…

○ Dije que no (olvidar, tú) .... regar las plantas y que (dar, tú) .... de comer al gato de los vecinos.

3. △ Perdona, ¿qué dices?

○ Que (llamar, tú) .... a tu hermano, que ha dejado un mensaje esta mañana y parece que tenía algo que contarte.

4. △ ¿Qué te dijo el médico?

○ Que (seguir, yo) .... con el tratamiento y que (volver, yo) .... a la consulta dentro de tres semanas.

△ ¿La próxima semana?

○ No, dentro de tres, ¿es que no oyes?

5. △ El portero ha dicho que el lunes (haber) .... reunión de vecinos y que (ir, tú) .... , por favor, que (ser) .... muy importante.

○ Pues el lunes no puedo. ¿Por qué no vas tú por mí?

4. ¿Por o para? He ahí la cuestión. Relaciona los elementos de las dos columnas.

1. Comer grasas es malo	**A.** …**por** aparcar en un vado.
2. Sí, salimos	**B.** …**por** 25.000 pesetas. Una ganga, ¿no?
3. ¿Crees que le puedo enviar el regalo	**C.** **Para** que no te enfadaras.
4. **Para** Navidad,	**D.** …**para** el colesterol, ¿no?
5. La grúa se ha llevado el coche	**E.** …**por** llamar a Pilar para dar una vuelta.
6. Claro, te han suspendido	**F.** …**por** no estudiar, ¿qué esperabas?
7. Me lo ha vendido	**G.** …**para** Almería el sábado ¡Qué ganas tenemos!
8. ¿**Por** qué no me lo dijiste?	**H.** …iremos a Inglaterra.
9. ¡Estoy harta! Estoy	**I.** Pues voy **para** la Facultad. ¿Qué pasa, que no te gusta mi nueva imagen?
10. ¿Adónde vas con esa pinta?	**J.** …**por** correo?

Ganga (=chollo): Algo que se adquiere de forma ventajosa.
Vado: Parte de la acera que permite el acceso de los vehículos.

5. Rosana ha dejado dos mensajes: uno para su madre y otro para su marido, Daniel. ¿Qué decía en sus mensajes? ¿A quién de vosotros dos crees que está ocultando la verdad?

ALUMNO A

¡Hola, cariño! ¡No te enfades! He tenido que salir con mamá al médico. Volveré a eso de las nueve. Llama a Luis y ve a jugar al paddle con él. No he olvidado que hoy es tu cumpleaños. ¡Felicidades! Rosana.

ALUMNO B

Mamá, me voy al Club para terminar de preparar la fiesta, va a ser una sorpresa increíble. ¡No olvides la tarta y las velas!
¡Y no llames a casa, bajo ningún pretexto!
Un beso. Rosana.

6. Lee el siguiente texto y completa los espacios en blanco con alguno de los verbos que aparecen en el recuadro. ¡Ojo! No todos son necesarios, elige los más adecuados al contexto.

afirmar

añadir

apostillar

argumentar

asegurar

concluir

contar

decir

declarar

explicar

manifestar

matizar

narrar

opinar

sostener

terminar

ISMAIL: HISTORIA DE UN INMIGRANTE

Cada año son más los menores de edad que llegan solos a Madrid para buscarse la vida. En plena adolescencia han atravesado continentes y han pasado vicisitudes que otros chicos de su edad sólo conocen por las películas. "África es muy dura. Vi que en mi país no tenía futuro y que ocurrían hechos violentos y decidí venir a Europa, no a España o Alemania, sino a Europa", (1) .... Ismail, un joven camerunés de 17 años. Dicho y hecho. Como vivía en la costera ciudad de Duala, este estudiante de mecánica se metió de polizón en un barco griego con destino a Algeciras. (2) .... Ismail que, durante la travesía, llegaron a ponerle un chaleco salvavidas para lanzarle al mar, pero les dio pena y decidieron encerrarle dos días en una pequeña habitación. "Después me llevaron con ellos y me trataron bien", (3) .... "Les ayudaba a limpiar el barco y, cuando desembarcamos en Algeciras, el capitán me dio 600 francos", (4) .... Ismail.

La llegada a España no supuso el final de sus vicisitudes. En dos ocasiones le paró la policía y le envió a Ceuta. "Me dijeron que en Madrid había organizaciones de apoyo a los extranjeros y me vine, (5) .... En la capital le esperaban varias noches en el metro de Atocha, rodeado de toxicómanos y alcohólicos sin hogar. "Pensé que me había equivocado y que debía marcharme a otro sitio, por ejemplo, a Francia", (6) .... recordando las noches que pasó en blanco y con el miedo metido en los huesos. Sin embargo, el actual Reglamento de Extranjería cambió su rumbo, ya que obliga a las instituciones a tutelar a los menores inmigrantes que se encuentren solos en el país e impide a la policía expulsarlos. Por eso, cada vez que los agentes encuentran a uno, deben trasladarlo a un Centro de Acogida. Allí le llevaron. Dos años y medio después, este joven que llegó angustiado y abatido tiene una profesión y un contrato de seis meses en una empresa. "Creo que, después de todo, la vida me ha tratado bien", (7) .... Ismail con cierta expresión de satisfacción.

Hay muchas más historias como la de Ismail, que tienen en común algo tan viejo como el mundo: las ganas de probar fortuna en otro país cuando las circunstancias del propio lo impiden.

El País, 9-8-98.

GLOSARIO

Explica el significado de estas expresiones con ayuda de tu profesor(a).

1. Buscarse la vida.
2. Han pasado vicisitudes.
3. Dicho y hecho.
4. Se metió de polizón.
5. Les dio pena.
6. Le paró la policía.
7. El miedo metido en los huesos.
8. Cambió su rumbo.

SE DICE ASÍ Y ASÍ SE ESCRIBE

1. Fíjate en las palabras que hemos destacado.

△ ¿Por qué no me dices qué ha pasado?

○ Porque no **sé** más que lo que **se** sabe, vamos, lo que sabe todo el mundo.

> **Vamos** = es decir = en otras palabras.

2. Utilizamos el acento ortográfico para diferenciar dos monosílabos que coinciden en la forma escrita.

MONOSÍLABO TÓNICO	MONOSÍLABO ÁTONO
él ¿Quién es él?	**el** ¿El de barba? El profesor de español.
más ¿Quieres más?	**mas** Me gustaría, mas no puedo.
mí ¿Es para mí?	**mi** Sí, te regalo mi reloj preferido.
sé Lo que sé es que está enferma.	**se** Supongo que se pondrá mejor.
tú ¿Eres tú, María?	**tu** Sí, soy yo, tu hermana.
sí Sí, quiero.	**si** Si quieres, puedo ir a buscarte.
dé Quiero que me dé una botella de vino.	**de** ¿De cuál?
qué ¿Qué hacemos esta tarde?	**que** Lo que quieras.
ó 8 ó 9	**o** ocho o nueve

3. Además hay otras palabras en las que también usamos el acento ortográfico con función diferenciadora.

este, ese, aquel ¿Este coche es tuyo?	**éste, ése, aquél** No, el mío es aquél. El verde.
que, quien(es), cual(es), como, donde, cuando, cuanto Hazlo como quieras. A mí me da igual.	**qué, quién(es), cuál(es), cómo, dónde, cuándo, cuánto** No, hombre, dime cómo quieres que lo haga.
solo,(a) = sin compañía ¿Ha ido sola?	**sólo** = solamente Sólo sé que dijo que se iba.
aun = aunque (incluso) Aun pudiendo, no iría.	**aún** = todavía Aún no he terminado.

UN PASO MÁS

FICHA TÉCNICA:
PAJARICO
Director: Carlos Saura
Fecha: 1997
Premio al Mejor director:
Festival de Montreal 1997

Manu, un niño de doce años, viaja a Murcia para pasar una temporada con su familia paterna. Rodeado de huertas, mar, naturaleza, y una exuberante y cálida familia, Manu descubrirá su primer amor y los primeros signos de la vida adulta. En la escena que vamos a leer, Manu y su prima, Fuensanta, se encuentran en la azotea del edificio. Hay muchas sábanas tendidas.

MANU.- ¡Fuensanta…! ¡Fuensanta…! ¿Dónde estás? ¡Fuensanta…que esto **es un coñazo**! ¿Dónde te has metido? ¡Fuensanta! ¡Fuensanta!

FUENSANTA.- ¡Uuuuuhhhh….!

M.- **¡Eres una estúpida!**

F.- Te has asustado, ¿eh?

M.- Estúpida, imbécil.

F.- ¡No te enfades…! ¡Qué mal genio! Tampoco es para tanto…

M.- ¡Qué gracia!

F.- ¿Te has asustado?

M.- No, yo no me asusto con esas **chorradas**.

F.- Si estabas muerto de miedo…, reconócelo. (…) Manu…

M.- ¿Qué?

F.- ¡No te pongas así, hombre! **Si llego a saber** que te impresiona tanto, no te lo habría hecho, ¿eh?

M.- **¡No vuelvas a hacérmelo más!**

F.- No. (…) Siéntate aquí, a mi lado. (…) Más cerca… (…) Este es mi lugar preferido. Vengo aquí a pensar.

M.- ¿A pensar?

F.- ¿No te lo crees? Haz la prueba. Cierra los ojos y piensa… ¿Qué ves?

M.- Veo a mis padres… En Madrid… Yo estoy despierto… En la cama… Porque no puedo dormir.

F.- Tus padres se han separado porque no se llevan bien.

M.- ¿Y qué?

F.- ¡Pues que se han separado! Que hace cada uno su vida… Dice tía Margarita que tu padre es **un pendón**.

M.- ¿Qué es eso?

F.- **Un golfo.**(…) ¿Qué más ves?

M.- Ellos discutían y se decían cosas…

F.- ¿Qué decían? ¿No los espiabas?

M.- Bueno, sí. Una noche, sí. No podía dormir, y me acerqué a su cuarto. Mi madre dijo que había llegado al límite y que no aguantaba más.

F.- ¿Qué más?

M.- **¿Me prometes que** no se lo vas a decir a nadie?

F.- Lo prometo. ¡Prometido, prometido, prometido!

M.- Mi madre le dijo a mi padre que le daba asco. ¿No te parece horrible?

F.- A mí sólo me dan asco las cucarachas. (…) ¡Ven conmigo, ahora yo te voy a enseñar mi secreto!

Es un coñazo (vulg.): resulta molesto.
Chorradas: tonterías.
Un pendón: una persona de vida desordenada.
Un golfo: alguien que actúa en contra de las normas sociales.

1

1. Vamos a fijarnos en algunas estructuras y expresiones que han aparecido en el fragmento de la película de Carlos Saura.

1. ¡Eres una estúpida!	**¡ERES UN/A + INSULTO!**	*Para insultar a alguien.*
2. Si llego a saber...	**SI LLEGO A SABER QUE + INDICATIVO**	*Para expresar una hipótesis en el pasado.*
3. ¡No vuelvas a hacérmelo más!	**¡NO VUELVAS A + INFINITIVO!**	*Para expresar una petición o una amenaza suave.*
4. ¿Me prometes que...?	**¿ME PROMETES QUE + INDICATIVO?**	*Para comprometer a alguien a hacer algo.*

2. Estás realmente enfadado(a) y no puedes reprimir un insulto.

△ *¡Eres una estúpida!*
○ *Te has asustado, ¿eh?*
△ *Estúpida, imbécil (= Imbécil, más que imbécil).*

1. ¡Que no, que yo no he estropeado el ordenador! (MENTIROSO/A).
2. ¡No pienso ir a la boda, es que no tengo nada que ponerme! (TONTO/A).
3. ¡Que sí, que el profe me tiene manía! (NEURASTÉNICO/A).
4. Esta mañana he visto a Luis y le he dicho que vas a regalarle un cachorro por su cumpleaños. (BOCAZAS).

3. Si lo hubieras sabido... las cosas habrían sido diferentes, ¿no? Pues díselo a tu compañero(a).

△ *¡No te pongas así, hombre!* **Si llego a saber que te impresiona tanto**, *no te lo habría hecho, ¿eh?*
○ *¡No vuelvas a hacérmelo más!*

1. Nos sorprendió muchísimo no verte en el estreno de la última película de Trueba. ¿Cómo es que no fuiste?
2. ¿Y estaba cerrado? ¡Claro, qué tonta soy, es que olvidé decirte que los lunes cierran los museos en Madrid!
3. ¿No sabías que ayer no había clase de Arte? Pues pusieron un aviso en la puerta del aula.
4. No me extraña que no encontrarais ningún restaurante abierto, es que los domingos por la noche casi todos cierran.

4. Tu compañero(a) se está poniendo muy pesado.

△ *¡No vuelvas a hacérmelo más!*
○ *No. (...) Siéntate a mi lado.*

1. ¡Anda, déjame el coche este fin de semana...! Te prometo que lo cuidaré como si fuera mío.
2. ¡Venga, anímate, ven a la fiesta con nosotros! No puedes quedarte en casa todos los días, tienes que salir, divertirte...
3. ¡Eres un aguafiestas! ¿No te das cuenta de que si tu no vas, yo tampoco puedo ir?
4. ¡No podéis seguir enfadados! ¡Tienes que decirle que lo sientes y que no volverá a ocurrir!

AHORA YA SABES

FUNCIONES

· Transmitir los mandatos y peticiones de otros.
· Pedir consejo y aconsejar.
· Resumir e interpretar lo dicho o escrito por alguien.
· Insultar a alguien.
· Realizar una hipótesis en el pasado.
· Expresar una petición o amenaza suave.

GRAMÁTICA

· Peticiones, ruegos y mandatos en estilo indirecto.
· Verbos de influencia + SUBJUNTIVO.
· POR/PARA
· ¡ERES UN/A + INSULTO!
· SI LLEGO A SABERLO...
· ¡NO VUELVAS A + INFINITIVO!
· Reglas de acentuación (II): diacrisis.

UNIDAD 3

¿CÓMO ES QUE SE ESCRIBE CON X, PERO SE PRONUNCIA CON J?

PRETEXTO

RAQUEL TRABAJA EN LA UNIVERSIDAD DE SEVILLA Y TIENE ESTE AÑO UNA CLASE DE NIVEL SUPERIOR.

△ Raquel, ¿cómo es que hay palabras que se escriben con **x**, pero se pronuncian con [j]?

○ ¿A qué palabras te refieres?

△ A México, **sin ir más lejos**.

○ Bueno, en español antiguo la **x** era una letra con la que se representaba de forma escrita el sonido [j], sin embargo, poco a poco, la **x** fue perdiendo este valor...

△ ¿Entonces?

○ El caso de México y de otras palabras como Texas y Oaxaca es un caso de arcaísmo ortográfico, **¿me sigues?**

△ No del todo.

○ **Verás**, la grafía México, con **x**, responde a un deseo de los mexicanos de mantener en el nombre de su país un grafismo nacional identificativo.

△ **O sea**, que estas palabras sólo se pueden escribir con **x**, ¿no?

○ En realidad pueden escribirse con **x** o con **j**, aunque la Real Academia Española prefiere esta última letra; pero siempre han de pronunciarse con el sonido [j], **¿me explico?**

△ Creo que sí. ¿Y por eso Juan Ramón Jiménez utilizaba siempre la **j**?

○ No, el caso de Juan Ramón es diferente, verás...

> *Diario de un poeta recién casado.*
> *Poema 119.*
>
> *¡Intelijencia, dame*
> *el nombre exacto de las cosas!*
> *... Que mi palabra sea*
> *la misma cosa,*
> *creada por mi alma nuevamente.*
> *(...)*
> *¡Intelijencia, dame*
> *el nombre exacto, el tuyo,*
> *y suyo, y mío, de las cosas!*
>
> Juan Ramón Jiménez.

1. **¿Qué significado tienen las siguientes palabras y expresiones?**

1. Sin ir más lejos	A. ¿Estoy siendo claro?
2. ¿Me sigues?	B. En otras palabras, es decir...
3. Verás...	C. Escúchame, que te lo voy a explicar.
4. O sea...	D. ¿Entiendes lo que te estoy diciendo?
5. ¿Me explico?	E. Este es el ejemplo más claro que se me ocurre.

2. Completa el siguiente diálogo entre Raquel y sus alumnos, utilizando alguna de las expresiones del recuadro anterior.

△ (1) .... que el uso que hace Juan Ramón Jiménez de la letra **j** no tiene nada que ver con la **x** de México, ¿no?

○ Pues no, Juan Ramón utiliza la **j** en todas aquellas palabras que la contienen y, además, en aquéllas que, según las normas de ortografía se escriben con **ge** o **gi**, (2) ¿.........................?

△ Sí, pero… ¿por qué?

○ (3) .... , en realidad, las letras **g** y **j** en español actual representan en la forma escrita el mismo sonido, el sonido [j] y, por lo tanto, una de esas letras puede considerarse innecesaria, (4) ¿.......................?

△ ¿Y cómo es que no se simplifica la ortografía?

○ ¡Eso pregúntaselo a los académicos! Supongo que por razones culturales.

3. Lee el siguiente fragmento de la intervención de Gabriel García Márquez en el I Congreso Internacional de la Lengua española, celebrado en Zacatecas (México) en 1997.

BOTELLA AL MAR PARA EL DIOS DE LAS PALABRAS

A mis doce años de edad estuve a punto de ser atropellado por una bicicleta. Un señor cura que pasaba me salvó con un grito: ¡Cuidado! El ciclista cayó a tierra. El señor cura, sin detenerse, me dijo: "¿Ya vio lo que es el poder de la palabra?" Ese día lo supe. Ahora sabemos que los mayas lo sabían desde los tiempos de Cristo, y con tanto rigor, que tenían un dios especial para las palabras.

La lengua española tiene que prepararse para un oficio grande en ese porvenir sin fronteras. Es un derecho histórico. No por su prepotencia económica, como otras lenguas hasta hoy, sino por su vitalidad, su dinámica creativa, su vasta experiencia cultural, su rapidez y su fuerza de expansión, en un ámbito propio de 19 millones de kilómetros cuadrados y 400 millones de hablantes al terminar este siglo. (...)

Pero nuestra contribución no debe ser meterla en cintura, sino al contrario, liberarla de sus fierros normativos para que entre en el siglo venturo como

Pedro por su casa. En ese sentido me atrevería a sugerir ante esta sabia audiencia que simplifiquemos la gramática antes de que la gramática termine por simplificarnos a nosotros. Humanicemos sus leyes (...) Jubilemos la ortografía, terror del ser humano desde la cuna: enterremos las haches rupestres, firmemos un tratado de límites entre la ge y la jota, y pongamos más uso de razón en los acentos escritos (...) ¿Y qué de nuestra be de burro y nuestra ve de vaca que los abuelos españoles nos trajeron como si fueran dos y siempre sobra una?

Son preguntas al azar, por supuesto, como botellas arrojadas a la mar con la esperanza de que le lleguen al dios de las palabras. A no ser que por osadías y desatinos, tanto él como todos nosotros terminemos por lamentar, con razón y derecho, que no me hubiera atropellado a tiempo aquella bicicleta providencial de mis doce años.

GABRIEL GARCÍA MÁRQUEZ, El País, 8-4-97

SE ESCRIBE	SE PRONUNCIA
casa, **qu**iero, **k**ilo	[k]
¡una **c**erveza, por favor!	[θ]
rosa, ca**rr**o	[r̄]
botella, **v**ela	[b]
gitano, **j**erez	[x]

4. ¿Y si hiciéramos caso a Gabriel García Márquez? ¿Quién de vosotros está a favor y quién en contra?

A FAVOR
· Aprender a escribir sería más sencillo.
· Desaparecerían las faltas de ortografía.
· No tendríamos letras ociosas.
· Ha habido otras reformas a lo largo de la historia de la ortografía española.

EN CONTRA
· Tendríamos que reescribir todos los libros.
· La reforma requeriría un largo período de adaptación.
· El ámbito hispanohablante es demasiado amplio.

GRAMÁTICA ¡VAMOS A REFLEXIONAR!

EXPRESIÓN DE CAUSA

INDICATIVO

1. **Cómo es que** introduce una pregunta que expresa sorpresa o extrañeza, y **es que** introduce una respuesta que expresa una explicación o excusa.

   △ *¿**Cómo es que** todavía no habéis cenado?*
   ○ *__Es que__ te estábamos esperando.*

2. **Que** justifica la causa de un mandato. Por eso, suele ir precedido de un verbo en imperativo, como *levántate*.

   △ *¡Venga, levántate, **que** es la hora!*
   ○ *¡Ya voy...!*

3. **Ya que, dado que, puesto que, teniendo en cuenta que**, expresan una causa pasiva y evidente.

   △ *Pero, Ramón, ¡dichosos los ojos!*
   ○ *Nada, que pasaba por aquí y me dije: ¡**Ya que** estoy aquí, voy a pasar a saludar a María, **que** hace mucho tiempo que no la veo!*
   △ *Me parece estupendo, anda, pasa y siéntate, ¿qué quieres tomar?*

INFINITIVO

4. **Por** expresa una causa y puede ir seguido de un verbo en infinitivo, o de un sustantivo.

   △ *Pues, mira, no le dije nada **por** no ponerla nerviosa.*
   ○ *No, si lo entiendo, pero sigo pensando que deberías haberle dicho algo.*

   △ *Echo de menos a Ramón. ¡Estas reuniones sin él son aburridísimas!*
   ○ *Últimamente falta mucho **por** motivos de salud.*

SUBJUNTIVO

5. **No porque** y **no es que** son estructuras que utilizamos para negar algo y ofrecer una interpretación nueva.

   △ *¿Por qué no fuiste?*
   ○ *Pues, mira, no fui **no porque** no quisiera, que tenía muchas ganas, la verdad, **sino porque** al día siguiente tenía una reunión muy importante.*

   △ *¿Estás enfadada con Jorge?*
   ○ ***No es que** esté enfadada; es que sus bromas me tienen harta.*

OTRAS ESTRUCTURAS PARA JUSTIFICAR UNA ACCIÓN O ACTITUD

EN VISTA DE QUE

△ **En vista de que** no tenía intención de llamarme, decidí llamarle yo…

○ ¿Y qué te dijo?

△ Nada, que…

AL + INFINITIVO

△ ¿Se lo has dicho?

○ No; **al verle** tan enfadado, no me he atrevido.

GRACIAS A

△ ¿Y cómo te enteraste?

○ Pues **gracias a** que se me ocurrió llamar.

△ Vamos, que si no hubieras llamado, te habrías quedado sin el trabajo…

POR CULPA DE

△ Claro que pensaba ir, pero no pude **por culpa de** los exámenes…

○ ¿Y cuándo los acabas?

△ **Gracias a** Dios, ya sólo me queda uno.

$$al + INFINITIVO \begin{cases} = POR + INFINITIVO \longrightarrow CAUSA \\ = CUANDO \longrightarrow TIEMPO \end{cases}$$

Indica qué valor tiene al + infinitivo en los siguientes ejemplos:

△ ¡Cómo tienes el coche! ¡Está de pena!

○ Ya ves, **al salir** = ………………… del aparcamiento, me di con la columna.

△ Pues tendrás que arreglarlo, ¿no?

○ No sé, porque, **al no tener** = ………………… el seguro del coche a todo riesgo, me van a cobrar un montón. Así es que, no sé si lo arreglaré o lo dejaré así.

1. seguir + GERUNDIO

△ ¿**Sigues yendo** a las clases de pintura?

○ Sí, es algo que me encanta. Ahora estoy pintando una lámpara.

2. seguir sin + INFINITIVO

△ ¿Entiendes ya lo de la pronunciación de la palabra México?

○ Pues no, **sigo sin entenderlo**.

3. deberías haber + PARTICIPIO

△ ¡Otra vez he perdido el autobús! ¡Qué lata!

○ Es que **deberías haber salido** antes, la verdad es que no me extraña que lo hayas perdido.

VAMOS A PRACTICAR

1. Anota las razones por las que Suzy decidió ir a estudiar español a Granada.

_____

_____

_____

_____

_____

_____

_____

2. Completa con alguna de las expresiones causales que aparecen en el recuadro.

cómo es que...
¿por qué ...?
como...
por culpa de...
es que...
en vista de que...
gracias a...

△ Me pregunto (1) .... hace tanto tiempo que a Vidal **no se le ve el pelo**. Lo último que sé de él es que se había comprado un ordenador con fax, correo electrónico **y todo eso...**

○ ¿(2) .... te sorprende? **¡Se habrá enganchado!** Como mucha gente...

△ ¡Ya ...! Pero (3) .... hace un mes no sabía lo que es una impresora...

○ ¡Qué exagerada eres!

△ No, en serio. (4) .... yo sabía que Vidal nunca había visto un ordenador de cerca, hace algunas semanas decidí hacerle una demostración con el mío...

○ ¿Y ...?

△ Pues (5) .... no se enteraba de cómo funcionaba, le di el libro *Descubre por ti mismo los secretos de la informática* y (6) .... que se lo leyó, ahora, por lo menos sabe cuál es la diferencia entre un archivo y un documento.

○ ¡Verás cómo (7) .... tu empeño en que aprenda a usar un ordenador, Vidal **va a terminar convirtiéndose** en una realidad virtual!

¡FÍJATE!

1. ...No se le ve el pelo: hace mucho tiempo que no vemos a Vidal.

2. ...Y todo eso ...: etcétera.

3. ¡Se habrá enganchado!: probablemente ahora es un adicto.

4. ...Va a terminar convirtiéndose: finalmente va a convertirse.

3. Conjuga los verbos en el tiempo y modo adecuados.

1. △ ¿Cómo es que no traes el coche?

○ Se lo (llevar) .... la grúa esta mañana.

△ ¿Y eso?

○ Por (aparcar) .... en doble fila.

2. △ ¿Cómo es que (venir, tú) .... sola?

○ Pues, en vista de que no (llegar, él) .... , decidí coger un taxi y venir yo sola.

3. △ O sea, que no fuiste porque no te dio la gana.

　○ Pues no, no fui no porque no (querer, yo) .... , sino porque me (resultar) ....
　　imposible.

4. △ No es que no (poder, yo) .... , es que no me da la gana, ¿lo entiendes?
　○ ¡Vale, vale!

5. △ Gracias a que se me (ocurrir) .... comprobar la batería del coche, porque, de lo
　　contrario, nos habríamos quedado en medio de la carretera…
　　○ Sí… Menos mal… Yo, la verdad, la batería es una cosa que nunca compruebo…
　　△ Pues deberías…

4. **Completa el siguiente texto con los tiempos y modos verbales adecuados al contexto.**

　△ ¿Por qué no (venir, tú) .... a la comida? Te hemos estado esperando hasta las tres
　　y media… Deberías haber llamado para avisarnos…

　○ Lo (saber, yo) .... y lo (sentir, yo) .... Verás, es que al
　　(salir) .... de casa me (encontrar) .... con Pablo…,
　　¿te acuerdas de él?

　△ ¿El chico con el que (salir, tú) .... cuando (estudiar, nosotros)
　　.......................... en la universidad?

　○ El mismo. Y como (hacer) .... tanto tiempo que no nos
　　(ver, nosotros) .... , se ve que (querer, él) .... charlar
　　un rato y me (invitar, él) .... a tomar el aperitivo.

　△ ¿Y por qué no nos (llamar, tú) .... ? ¡Es lo mínimo que
　　podías haber hecho…!

　○ Pues, mira, no os (llamar, yo) .... no porque no (querer)
　　..................... sino porque (ser) .... imposible encontrar una cabina de teléfono.

5. **En parejas, replicad a vuestro compañero(a) utilizando** *no porque… sino porque, o no es
que… sino es que.*

　△ *¡Estoy seguro de que no has aprobado porque no te ha dado la gana!*
　○ *Que no, te he dicho que no he aprobado **porque** el examen era difícil, **no porque no haya
　　estudiado.** ¡En serio!*

1 Luis me ha dicho que no has salido de vacaciones porque no tenías dinero, ¿es cierto?

2 No quieres probarlo para no engordar, ¿verdad?

3 Tengo la impresión de que ya no me llamas para salir porque estás enfadada conmigo.

4 Has vuelto porque no puedes olvidar a María, ¿verdad?

6. En algunos países se ha abierto un importante debate en torno a la legalización de las drogas. Piensa en ello y manifiesta tu punto de vista, pero lo más importante es que lo justifiques debidamente. Utiliza las estructuras que te proponemos.

LA EXPERIENCIA DE HOLANDA

Holanda camina contra corriente desde 1976. Estos veintidós años de tolerancia ofrecen un balance optimista: el consumo de drogas blandas es semejante al del resto de los países europeos; y el de drogas duras se mantiene estable desde los años 80, a diferencia de lo que ocurre en los países vecinos: Alemania y Bélgica. La edad media de consumo se ha elevado a los 36 años y la mortalidad por sobredosis es la más baja de Europa.

El hombre no puede vivir sin drogas, ya sean legales o ilegales; porque... ¿quién no es adicto al tabaco, al alcohol, a la televisión, al "zapeo", al consumo, a la cafeína, a la teína, a los tranquilizantes? ¿Por qué se permite consumir unas y otras no? ¿Es que el abuso de las drogas lícitas no perjudica la salud?

Rafael Bermejo Osinaga

¿Sabe? Tengo tres hijos, señor Juez. Y a uno se lo llevó la droga el año pasado. Los dos que me quedan están enganchados; además, uno está en la cárcel por robar; y el otro tiene el SIDA. De manera que, mientras yo esté vivo, les daré la droga que necesiten. ¿No haría usted lo mismo en mi lugar?

Raúl González Prieto

Creo que antes de pensar en legalizar la droga, tendríamos que pensar en educar a la gente, para saber dónde terminan nuestros derechos y dónde empiezan los de los demás. Teniendo en cuenta que el hombre se diferencia de los animales por su capacidad para saber lo que está bien y lo que está mal, debe saber también si le convienen las drogas o no.

Laura Rodríguez

LEGALIZAR LAS DROGAS

A favor	En contra

PARA AYUDARTE

Para expresar tu opinión
Estoy absolutamente de acuerdo con eso de...
A mi entender...
Entiendo que...
La impresión que he sacado de todo esto es que...
Tengo la firme convicción de que...
Para serte sincero, debo decirte que...
Con todos mis respetos, yo creo que...
Si alguien me preguntara, diría que...

Para justificarla
¿Que por qué? Pues mira, por el simple hecho de que...
Espera que te diga por qué...
Voy a exponerte una a una las razones, verás...
Pues, teniendo en cuenta que...
Sopesando los pro y los contra, he llegado a la conclusión de que...
Por un lado, creo que...; sin embargo, por otro lado, me parece que...

36
treinta y seis

SE DICE ASÍ Y ASÍ SE ESCRIBE

1. En las siguientes exclamaciones hay palabras que contienen sílabas en las que aparecen agrupadas dos vocales. Fíjate bien en ellas.

¡Qué cara ten**éi**s!   ¡Que **due**rmas bien!   ¡C**uí**date mucho!

2. Vamos a ver en qué casos utilizamos el acento ortográfico en sílabas tónicas con diptongo, es decir, sílabas con dos vocales.

a, e, o + i, u *teng**ái**s, pa**i**saje*	i, u, + a, e, o *p**ie**nsa, v**ia**je, t**ie**mpo*	i, u + i, u *c**iu**dad, v**iu**da*

1. En todos los casos seguimos las reglas generales de acentuación establecidas para las palabras agudas, llanas y esdrújulas:

AGUDA ⟶ ca**mió**n
LLANA ⟶ **pie**nsa
ESDRÚJULA ⟶ **cuí**date

2. Cuando la sílaba tónica contiene un diptongo formado por una vocal abierta (**a, e, o**) + una vocal cerrada (**i, u**) o viceversa, colocamos el acento ortográfico sobre la vocal abierta:

¡Vosotros sí que ten**éi**s suerte!

3. Cuando la sílaba tónica contiene un diptongo formado por dos vocales cerradas (**i, u**), colocamos el acento ortográfico sobre la segunda vocal:

¡C**uí**date… y llámame cuando llegues!

3. Escucha y coloca el acento ortográfico -de acuerdo con las reglas que hemos establecido- en aquellas palabras que lo necesiten.

pausa	siempre	teneis	aereo	jersey
diciembre	traed	cuidate	¿cuando?	tiempo

4. Escucha el siguiente poema de Blas de Otero, acentúalo y justifica la presencia del acento ortográfico.

A LA INMENSA MAYORIA

Aqui teneis, en canto y alma, al hombre
aquel que amo, vivio, murio por dentro
y un buen dia bajo a la calle: entonces
comprendio: rompio todos sus versos.

Asi es, asi fue. Salio una noche
echando espuma por los ojos, ebrio
de amor, huyendo sin saber adonde:
adonde el aire no apestase a muerto.

Tiendas de paz, brizados pabellones,
eran sus brazos, como llama al viento;

olas de sangre contra el pecho, enormes
olas de odio, ved, por todo el cuerpo.

¡Aqui! ¡Llegad! ¡Ay! Angeles atroces
en vuelo horizontal cruzan el cielo;
horribles peces de metal recorren
las espaldas del mar, de puerto a puerto.

Yo doy todos mis versos por un hombre
en paz. Aqui teneis, en carne y hueso,
mi ultima voluntad. Bilbao, a once
de abril, cincuenta y tantos.

UN PASO MÁS

FICHA TÉCNICA:

Fresa y chocolate

**Directores: Tomás Gutiérrez Alea
y Juan Carlos Tabío.
Guión: Senel Paz
Fecha: 1993
Premio al Mejor Guión del Festival de Cine
Latinoamericano de la Habana, 1992**

1. Vamos a leer un fragmento del guión cinematográfico de la película *Fresa y chocolate*, en la que se plantea el conflicto de la tolerancia a través de tres puntos de vista diferentes: el de David, el de Diego y el de Miguel. La película nos habla del aprendizaje de la tolerancia: admitir que el mundo está lleno de personas muy complejas y diferentes.

DAVID.- Acabo de tener un problema. Esta tarde en Coppelia, estaba tomándome un helado cuando vino un tipo y se sentó a mi lado. Un tipo raro.

MIGUEL.- ¿Qué tipo de tipo raro?

D.- **Un maricón**.

M.- ¿Cómo sabes que era maricón?

D.- Había chocolate y pidió fresa… Pero no es eso. Si sólo hubiera sido maricón, me habría ido o **le habría sonado un trombón**.

M.- A lo mejor le gustaste.

D.- Empezó a decir ironías sobre la Revolución.

M.- ¿Y se lo permitiste?

D.- En otras circunstancias, no; pero algo me hizo sospechar que ese tipo **se traía algo raro entre manos.**

(…)

DIEGO.- Esa canción se llama *Las ilusiones perdidas*.

DAVID.- ¿Por qué tú eres así?

DIE.- Así, ¿cómo?

DA.- ¿Tú tienes familia?

DIE.- ¿Voy a haber salido de la nada?

DA.- Pero seguro no quieren saber de ti.

DIE.- ¿Quién dijo? ¡Yo soy el niño lindo de mi mamá! Y mis sobrinos me adoran.

DA.- Pero no tienes padre. No se ocupó de ti. Abandonó a la familia cuando eras chiquito.

DIE.- Papá es un santo. Estos ojos los saqué a él. Gracias a Dios, porque mamá es buenísima, pero **tiene cara de sapo**.

DA.- Entonces… ¿Qué fue lo que a ti te pasó? ¿Por qué eres…?

DIE.- ¿Maricón? ¡Porque sí, ya te lo he dicho! Mi familia lo sabe.

DA.- Pero ellos tienen la culpa.

DIE.- No, ¿por qué?

DA.- Si te hubieran llevado al médico **cuando chiquito…** Eso es un problema endocrino.

DIE.- ¿Qué teoría es ésa, David? Parece mentira en un muchacho universitario. A ti te gustan las mujeres, a mí me gustan los hombres. Es perfectamente normal y no me impide ser tan decente y patriota como tú.

DA.- ¿Sí? Tú no eres revolucionario.

DIE.- Porque ustedes no me dejan. Yo también tuve ilusiones. Me fui a alfabetizar a los 14 años porque yo quise, porque mi mamá no se quería separar de mí. Y fui a las montañas a recoger café, y quise estudiar para maestro. ¿Pero qué pasó? Que vino la persecución de homosexuales, como si nosotros fuéramos los responsables de las cosas que no funcionan, y que ustedes, al que no les dice que sí en todo o tiene ideas diferentes sobre algo ya lo quieren apartar. Eso es lo que pasa.

> **Maricón (vulg.):** homosexual.
> **Sonar un trombón:** organizar un escándalo.
> **Traerse algo entre manos:** estar tramando algo.
> **Tener cara de sapo:** ser muy feo(a).
> **Cuando chiquito:** cuando eras pequeño.

2. Ahora vamos a fijarnos en algunas estructuras que han aparecido en el fragmento cinematográfico y a averiguar su significado expresivo en el contexto.

△ *¿Por qué tú eres así?*
○ *Así, ¿cómo?*

   a. ¿Cómo dicen que soy?
   b. ¿Cómo crees que soy?
   c. ¿A qué te refieres?

△ *¿Tú tienes familia?*
○ *¿Voy a haber salido de la nada?*

   a. ¿Se piensa que he salido de la nada?
   b. ¿Es que crees que he salido de la nada?
   c. ¿Quién dice que he salido de la nada?

△ *Pues seguro no quieren saber de ti.*
○ *¿Quién dijo?*

   a. ¿Quién te ha dicho eso?
   b. ¿Quién eres tú para hacer esa hipótesis?
   c. ¿Crees que quien te dijo eso tiene razón?

△ *Entonces… ¿Qué fue lo que a ti te pasó? ¿Por qué eres…?*
○ *¿Maricón? ¡Porque sí, ya te lo he dicho!*

   a. Porque te lo han dicho.
   b. Por las razones que he expuesto.
   c. ¡Porque me da la gana!

3. Por último vamos a escuchar una entrevista con Senel Paz, el autor del cuento en el que está basado el guión de la película *Fresa y chocolate*. Indica si las siguientes afirmaciones son verdaderas o falsas.

   a. El tema central de la película es la homosexualidad
   b. La película ofrece la posibilidad de diferentes interpretaciones
   c. La intolerancia empobrece a la sociedad que la practica

AHORA YA SABES

FUNCIONES

· Expresar causa y consecuencia.
· Justificar una acción y opinión.
· Corregir informaciones erróneas.
· Negar algo para ofrecer una interpretación nueva.
· Contradecir

GRAMÁTICA

· PORQUE, COMO, ES QUE, QUE, YA QUE, PUESTO QUE, DADO QUE, CONSIDERANDO QUE, TENIENDO EN CUENTA QUE, EN VISTA DE QUE, HABIDA CUENTA DE QUE + INDICATIVO.
· NO ES QUE, NO PORQUE + SUBJUNTIVO, SINO ES QUE + INDICATIVO.
· AL+ INFINITIVO.
· GRACIAS A, POR CULPA DE, POR + SUSTANTIVO.
· Reglas de acentuación (III): diptongos.

UNIDAD 4

¡COMO NO...!

PRETEXTO

Lee el siguiente texto, fíjate en las estructuras que hemos destacado en los recuadros que aparecen más abajo y completa los esquemas gramaticales.

CARTA DE MAMÁ GAIA A SUS HIJITOS HUMANOS

Mis desorientados hijitos:

Me veo obligada a recurrir al género epistolar, tan inusual en una madre que se precie, porque con tantos avances tecnológicos habéis dejado de oír el latir de mi corazón (…) Bien es verdad que al apelarme ahora Gaia, muchos recuperáis el cariño de entonces y hasta redescubrís que, a pesar de todo, sigo viva., insustituible, dispuesta a perdonar. (…) Soy muy mayor ya y, aunque en términos humanos parezca eterna, si mi vida total estuviera programada para un año de los vuestros, hoy me encontraría en la última semana de diciembre.

Por eso, no es miedo lo que siente esta anciana experimentada, es tristeza por vuestra vida. Debéis cambiar ideas y usos que creíais estupendos. Los gobiernos, las administraciones públicas, las empresas sólo cambiarán cuando los ciudadanos lo hagan. (…) Os diré que vuestro principal problema individual y colectivo es una malformación mental -el consumismo-

esa ansia de poseer que os consume hasta convertiros en esclavos de los objetos.Tenéis que mutar, terrícolas míos, si queréis ahorraros incontables sufrimientos y aun la desaparición de vuestra especie.

Pues bien, queridos hijos, ésta es la primera y última carta -¡bastante lío tengo con sequías y erupciones volcánicas!-. Hacedme caso, jovencitos, si no queréis estropearlo todo. Si la vida es un juego, jugad a tener menos cosas, a compartir, a vivir con menos para que los otros mejoren. Si la vida es un sueño, soñad que predicáis con el ejemplo y no con discursos, que dedicáis más energías a las soluciones locales que a los diagnósticos globales. Como veis, es muy fácil lo que os propongo. Recibid el cariño de quien os quiere a pesar de todo, vuestra madre Gaia.

P.D.: Como no obedezcáis, os enviaré siete plagas y cuatro jinetes del Apocalipsis.

El Mundo, 3-6-1992.

---

1. SI + ... , IMPERATIVO/PRESENTE/............... .

Si la vida es un juego, jugad a tener menos cosas…

Hacedme caso, jovencitos, si no queréis estropearlo todo.

---

2. SI + P. IMPERFECTO SUBJUNTIVO ....

Si mi vida total estuviera programada para un año de los vuestros, hoy me encontraría en la última semana de diciembre.

3. SI + ... , CONDICIONAL SIMPLE / COMPUESTO.

Si hubiéramos cuidado la tierra, ahora no tendríamos tantos problemas ecológicos.

1. Un espíritu ecológico es importante para mantener el planeta. Explícale a tu compañero(a) qué pasaría si no hiciéramos lo que indican estos dibujos.

△ *¿Sabes qué pasaría si no recicláramos la basura?*
○ *Que se desbordarían los vertederos.*

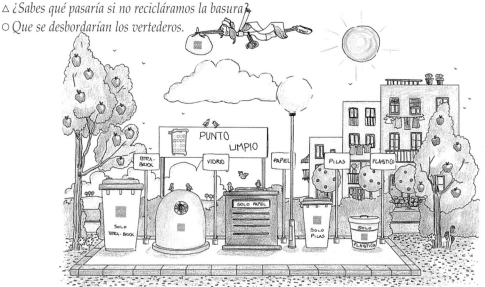

2. Lee el siguiente fragmento de la novela *Atlas de geografía humana*, de Almudena Grandes, publicada en 1998.

Almudena Grandes nació en Madrid en 1960. En su última novela, cuatro mujeres cuentan en primera persona su propia historia en un momento de confusión ideológica y de crisis generacional.

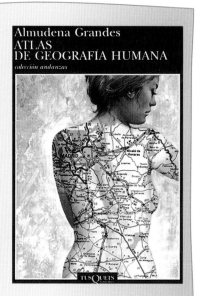

A veces pienso que enamorarme de ti es lo único elevado que he hecho en toda mi vida, y es desde luego la única verdad que tengo para justificar todo lo demás: mi propia actitud, mi propio pasado, mi ambición y mis dudas, porque si no hubiera abandonado a Lucía no habría podido casarme contigo; porque si no me hubiera enrollado (1) con Machús, nunca te habría reconocido en los comentarios de Teo; porque si no hubiera hablado tanto con Teo, quizás nunca habría llegado a descubrirte; porque si no me hubiera comportado como un cabrón (2), nunca me habría convertido en un líder auténtico; porque si no me hubiera convertido en lo que tú querías ver en mí, jamás me habrías querido como me quieres, yo sería un hombre mucho menos feliz, e infinitamente peor de lo que soy.

Hizo una pausa para mirarme y concluyó.

Eso es lo que no va a decirte ningún psicoanalista. Y ahora, cuando por fin he conseguido recuperarme de un ataque de vértigo tan ridículo, tan lamentable como habría sido que me tiñera las canas (3) o que me hubiera dado (4) por comprarme vaqueros ceñidos (5), puedo añadir que últimamente he tenido muchas ocasiones de comprobar que sigues siendo la única mujer de este mundo con la que puedo vivir. Y estoy seguro porque me he acostado con muchas otras. Demasiadas. Ya lo sabes.

GLOSARIO

1. Enrollarse: establecer una relación amorosa superficial y pasajera.
2. Comportarse como *un cabrón (vulg.): actuar con mala intención y sin consideración.
3. Teñirse las canas: aplicar un color para ocultar el cabello blanco.
4. Darle a alguien por algo: iniciar una actividad de manera injustificada.
5. Ceñidos: muy estrechos y ajustados.

GRAMÁTICA ¡VAMOS A REFLEXIONAR!

EXPRESAR AMENAZA: COMO + SUBJUNTIVO

△ *Como no obedezcáis*, *os enviaré siete plagas y cuatro jinetes del Apocalipsis.*
○ *¡Nunca habíamos visto a la madre Gaia tan enfadada!*

Fíjate en los distintos significados de *como*

+ INDICATIVO	+ INDICATIVO	+ INDICATIVO	+ SUBJUNTIVO
= porque	= de la manera que	= ¿Por qué...?	= si

△ *¿Cómo es que no has traído tu cámara de fotos? Ya sabes que la mía no va muy bien...*
○ *Como me dijiste que tú te ocupabas de todo y que yo no me preocupara de nada...*
  ¡Pues dicho y hecho!
△ *Ya, rica, pero yo me refería a lo de la agencia de viajes... ¿Cómo iba yo a imaginarme*
  que ni siquiera traerías la cámara de fotos?
○ *Ya verás cómo salen con la tuya ...*
△ *¡Como no salgan... me vas a oír!*

EXPRESAR UNA COMPARACIÓN HIPOTÉTICA: COMO SI + SUBJUNTIVO

igual que si / lo mismo que si / de igual forma que si / del mismo modo que si

△ *Mira, imagínatelo, es **como si** algo **estuviera** presionando tu cuerpo por todas partes,*
  ***como si quisieras** salir corriendo pero no pudieras porque tus piernas están paralizadas,*
  ***como si te faltara** aire para respirar, **como si quisieras** emigrar a otro planeta.*
○ *Pues no sé de qué me estás hablando...*
△ *Del metro a las ocho de la mañana. Evidente, ¿no?*
○ *También podría ser una playa en el mes de agosto, ¿no?*
△ *Pues, sí, también.*

+ P. IMPERFECTO DE SUBJUNTIVO

△ *Tiene muy mal aspecto, **como si estuviera** enfermo...*
○ *Ya se lo he dicho, pero no quiere ir al médico. Dice que no será nada.*

Cuando las dos acciones son simultáneas.

+ P. PLUSCUAMPERFECTO DE SUBJUNTIVO

△ *¡No sé qué me pasa, pero me levanto **como si no hubiera descansado** nada.*
○ *¡Será el estrés! No paras de trabajar.*

Cuando una acción es anterior a la otra.

EXPRESAR CONDICIÓN E HIPÓTESIS CON OTRAS ESTRUCTURAS + SUBJUNTIVO

1. Para expresar una condición que establecemos como mínima (si y sólo si…) para la realización de algo:

a condición de que   **con tal de que**   **siempre y cuando**

△ *¿Puedo coger tu coche?*
○ *Sí, pero* **con la condición de que** *no vuelvas más tarde de las doce, ¿vale?*

2. Para expresar una condición de forma negativa (pero no si…):

a no ser que   **a menos que**   **excepto que**

△ *No creo que llegue más tarde de las diez…* **A menos que** *haya retraso, claro.*
○ *Si hay retraso, llámame desde el móvil, ¿vale?*

3. Para expresar una condición que es difícil de cumplir:

en caso de que

△ *¡Oye!* **En caso de que** *se suspendiera la reunión, llámame por favor.*
○ *¡Vale! Pero no creo que eso ocurra..*

REPROCHAR ALGO A ALGUIEN

1. Si lo hubiera sabido…

△ *Pues, nada, la pobre tuvo que coger un taxi…*
○ *¡Hombre!* **Si lo hubiera sabido**, *habría ido yo a buscarla. Vivo al lado del aeropuerto, ya lo sabes.*

2. De haberlo sabido…

△ *Ayer fue el cumpleaños de Paco…*
○ *¿Cómo es que no me lo dijiste?* **De haberlo sabido**, *le habría llamado para felicitarlo.*

3. Si llego a saberlo…

△ *¡Pues la presentación del libro de Vargas Llosa estuvo muy interesante!*
○ **Si llego a saberlo**, *habría ido, pero la verdad es que no me enteré.*

VAMOS A PRACTICAR

1. Escucha y trata de adivinar de qué estamos hablando.

1	2	3

2. Completa con alguna de las conjunciones y locuciones del recuadro.

con la condición de que
siempre y cuando
como
a no ser que
si
como si
a menos que

1. △ O sea, que te has enamorado, ¿no?

○ Pues sí, y me siento .... estuviera llena de aire todo el día.

2. △ ¿Vendrás?

○ Sí, ... la canguro no pueda cuidar al niño. Esta mañana me dijo que tenía no sé qué problema…

3. △ Te permito que vayas, pero .... no vuelvas demasiado tarde.

○ ¿A las doce está bien?

4. △ Mira, yo, ... pudiera, lo dejaría todo y me iría a vivir por la costa…

○ ¡Venga, no digas tonterías! ¿Y de qué ibas a vivir?

△ Hombre, lo dejaría todo .... tuviera dinero suficiente para mantener el nivel de vida que tengo ahora.

○ ¡Qué listo!

5. △ .... se entere de que le has cogido el coche… ¡Se va a enfadar!

○ No tiene por qué enterarse .... se lo digas tú. Pero tú no vas a hacer eso, ¿verdad?

3. Conjuga los verbos en el tiempo y modo adecuados.

1. △ ¿Qué te pasa?

○ Nada, que (estar, yo) .... harta de mis padres, es que no me (dejar, ellos) .... hacer nada, pero nada de nada.

△ Pues, (independizarse, tú) ....

○ (Llevar, yo) .... algunos días pensando en ello, no creas.

△ ¡Oye, que era una broma! Además, si (independizarse, tú) .... , ¿de qué (vivir, tú) ....?

○ (Dar, yo) .... clases particulares y, si (ser) .... necesario, (buscar, yo) .... un trabajo y (dejar, yo) .... de estudiar.

2. △ Mira, si no (poder, tú) .... venir a la reunión, no (preocuparse, tú) .... , yo me haré cargo de todo.

○ Bueno… pero si (surgir) .... cualquier problema, (llamar, tú) ....me al teléfono móvil, que lo tendré conectado.

△ Que sí, no (preocuparse, tú) .... , (irse, tú) .... tranquilo. Y no creo que te (llamar, yo) .... a no ser que (surgir) .... algo verdaderamente importante.

4. Con tu compañero(a). Si no haces caso…van a pasarte algunas cosas.

△ *Como aparques en doble fila*, *te van a poner una multa…*
○ *Sólo tardaré unos minutos. Ahora mismito vengo.*

1. Sigues fumando./ Enfermar.

2. No te pones protección solar./ Quemarte.

3. No tienes cuidado. /Cortarte.

4. No usas gorro de baño. /Llamarte la atención.

5. No usas gafas de sol. /Dañarte los ojos.

5. Manolo ha perdido las ganas de ir a la Universidad.

El mismo 1 de septiembre, Manolo se plantó en la Facultad.
– *Todavía no se ha abierto el plazo de matrícula -le comunicó un ordenanza que paseaba tranquilamente.*
– *¿Y cuándo se abre?*
– *Pues no lo sé. Pásate dentro de dos o tres días.*
Manolo se pasó tres veces en los siguientes cinco días.
Harto, decidió empezar a usar el teléfono.
– *¡Hola! Quería saber cuándo se abre el plazo de matrícula.*
– *Pues no lo sé, oiga. Aquí no hay nadie. Yo soy de la limpieza. Mejor, llame por la mañana.*
– *¿No trabajan por la tarde?*
– *Cuando no trabajan es por la mañana, señor; por la tarde, ni siquiera vienen.*
Por fin, el día 11 de septiembre vio una cola de alumnos con el sobre de matrícula en la mano.
– *¿Aquí se entrega la matrícula? -preguntó.*
– *No. Aquí se recoge un papelito que indica la fecha en que tienes que venir a entregarla.*
Manolo se puso el último en la cola y avanzó hasta que le tocó su turno.
– *¡A ver! ¡El papelito naranja! -le dijo el encargado.*
– *¿Qué papelito? ¿Para qué? -le contesto Manolo, confuso.*
– *¡El naranja que viene dentro del sobre de matrícula! ¡Es ahí donde tengo que poner el día que puedes venir a matricularte! ¡Venga, deprisa!*
– *No sé cuál es… No lo tengo.*
– *Pues yo no tengo todo el día para atenderte. ¡El siguiente, deprisa!*
– *Espere un momento… Espere… que estará por aquí…*

J. SERRANO, *Menos 25*, 25-3-97.

¿Y si las cosas hubieran sido diferentes?

1. El ordenanza no sabía cuándo empezaba el período de matriculación.

Si lo hubiera sabido y se lo hubiera dicho a Manolo, éste no…

2. Manolo llamó por teléfono, pero por la tarde no trabajaban los administrativos.

....

3. Manolo ignoraba que, antes de entregar la matrícula, debía recoger un papelito.

....

4. Manolo no había visto el papelito naranja que había dentro del sobre de matrícula.

....

6. Tienes que decidir cuál de estos Cursos de Español escogerías si tuvieras la oportunidad de hacer un curso este verano. Señala las ventajas e inconvenientes de cada una de estas propuestas.

CURSOS DE ESPAÑOL

ESPAÑOL Y VELA EN EL PUERTO DE SANTA MARÍA (Cádiz)

Nuestra escuela te ofrece la posibilidad de practicar tu espaŒol y disfrutar al mismo tiempo de tus vacaciones en un precioso pueblo de la costa de C/diz. El excelente clima de esta zona garantizar/ jornadas de sol y playa en compaŒ™a de monitores expertos y experimentados profesores de espaŒol. Ser/s alojado en familias espaŒolas que hemos seleccionado con el m/ximo cuidado. ÁAn™mate! ÁTe esperamos en el Puerto de Santa Mar™a!

Precio completo: 300.000 ptas./dos semanas
Correo electrónico: españolivela@arraquis.es

UNIVERSIDAD INTERNACIONAL MENÉNDEZ PELAYO
CURSOS DE LENGUA Y CULTURA PARA EXTRANJEROS

Fundada en 1932, la UIMP cuenta con una larga trayectoria y prestigio internacional reconocido. Sus profesores son especialistas en la enseñanza del español como lengua extranjera. Actividades complementarias: excursiones guiadas, coloquios literarios, sevillanas, canciones populares españolas, conciertos, seminarios de Arte, Literatura, Historia y Economía.

Campus de las Llamas
Avda. de los Castros s/n
39005 Santander
Tel.: 942- 36 00 55

INSTITUTO EUROPEO DE IDIOMAS
Cursos intensivos de español para extranjeros.

¥ 4 horas diarias de clase.
¥ Grupos de diez estudiantes m/ximo.
¥ …nfasis en la expresiŠn oral.
¥ Actividades complementarias: sevillanas, excursiones, visitas a museos, etc.
¥ Alojamiento con familias o en residencia estudiantil
¥ Precio/semana: 45.000 ptas.

Passeig de Sant Jordi, 100 - 08027 Barcelona
Tel.: 93 666 33 22 - Fax.: 93 666 33 23
E mail: europeoidiomas@arquinex.es

SE DICE ASÍ Y ASÍ SE ESCRIBE

1. ¿Por qué crees que las siguientes palabras llevan acento ortográfico a pesar de ser palabras llanas y terminar en vocal o en -s?

> △ ¡No sa-**bí-a** que te **ha-bí-as** comprado un coche nuevo!
>
> ○ Pues, ya ves… es que el otro estaba ya muy viejo.

2. Vamos a ver ahora el caso de los hiatos, es decir, el caso de la acentuación cuando hay dos vocales contiguas que pertenecen a sílabas diferentes.

a, e, o + i, u	i, u, + a, e, o	a, e, o + a, e, o
¡Argentina! ¡Qué bello pa-**ís**!	¿En serio? ¿Sabes tocar el pi-**a**-no?	¡Qué rica está la pa-e-lla!

1. Cuando la sílaba tónica de una palabra forma parte de un hiato, si la sílaba contiene la vocal abierta (a, e, o), se siguen las reglas de acentuación que establecimos para las palabras agudas, llanas y esdrújulas:

> ¡El **cli-en-te** siempre tiene razón!

2. Cuando la sílaba tónica de una palabra forma parte de un hiato y la sílaba contiene la vocal cerrada (i, u), ésta se acentúa siempre al margen de las reglas generales de acentuación:

> ¡Si pudiera, me i-**rí**-a unos **dí**-as de vacaciones!

3. Escucha este fragmento de *Historia de una maestra*, de Josefina Aldecoa y acentúalo justificando la presencia o ausencia del acento ortográfico.

Juana crecia fuerte y sana. Era una niña alegre. Tenia ya dos años y medio y parloteaba. Le gustaban las palabras. Se quedaba en suspenso cuando descubria una y la repetia hasta que le era familiar y la incoporaba a su vocabulario personal. Por la noche, antes de dormirse repasaba bajito las nuevas palabras que le habian sorprendido por su sonoridad o le hacian gracia por alguna incomprensible razon. Zapato, calamar, araña. Seleccionaba las palabras como hacia con las piedrecitas del rio: las redondas, las picudas, las grises, las que tienen manchas. Como las piedras, las escogia y las atesoraba y las sacaba a la luz o las acariciaba en la penumbra mientras llegaba el sueño: Arena, viento, peine.

Juana dormia en una de las dos alcobas. En la otra dormiamos nosotros y las puertas de ambas daban al cuartito del balcon por donde entraban la luz y el aire.

Una noche me desperte bruscamente y, sin saber por que, me lance al cuarto de la niña. La cama estaba vacia. Corri a la cocina, volvi a nuestra habitacion, desperte a Ezequiel. Los dos gritamos ¡Juana! Y en seguida estallo el llanto debajo de su cama.

J. ALDECOA, *Historia de una maestra.*

JOSEFINA R. ALDECOA

Historia de una maestra

ANAGRAMA
Narrativas hispánicas

FICHA TÉCNICA:

VIRIDIANA

Director: Luis Buñuel

Guión: Julio Alejandro y
Luis Buñuel

Fecha: 1961

1. *Viridiana* narra la historia de una joven novicia que ha sido educada en un convento, del cual sale para hacer una visita a su tío y tutor, D. Jaime, visita durante la cual la joven experimenta una transformación interior. La censura franquista no permitió que la película fuera estrenada en España hasta abril de 1977.

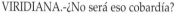

SUPERIORA.- ¡Viridiana…!

VIRIDIANA.- Perdóneme, Madre, estaba distraída.

S.- Es malo que no aproveches los recreos para hacer un poco de ejercicio. Acabo de recibir carta de tu tío. No puede venir a tu profesión.

V.- Está bien, Madre.

S.- No pareces sentirlo mucho.

V.- Casi no lo conozco. Sólo lo vi una vez hace años. Ya ni me acuerdo.

S.- Pues ahora te invita a su casa.

V.- No quiero salir del convento, madre.

S.- Temo que no esté bien de salud. Es tu único pariente y debes despedirte de él antes de profesar. Seguramente no lo verás más.

V.- Pero ¿por qué quiere verme? Nunca se ha preocupado por mí.

S.- Ha pagado tus estudios, te ha sostenido y acaba de enviar tu dote. ¿Te parece poco?

V.- Mi deseo sería no volver a ver el mundo, pero si usted me lo ordena…

S.- Quedan pocos días para que empiece el retiro, así que puedes irte hoy mismo. En tu celda tienes todo listo para el viaje. Ve a prepararte. Procura ser afectuosa con él.

(…)

DON JAIME.- Si tú supieras… Cuando era joven me sentía lleno de ideales. Quería hacer algo grande en beneficio de los demás, se entiende. Algo que mostrara mi amor a la humanidad. Pero en cuanto me ponía en marcha… ¡zas!, temía que se riesen de mí, me sentía en ridículo… y a mi concha otra vez.

VIRIDIANA.-¿No será eso cobardía?

D. J.- No, no es eso. Te aseguro que no temblaría ante un peligro tan grave, -me lo he demostrado a mí mismo- y, en cambio, la visita de un desconocido que a lo mejor sólo viene a saludarme, me llena de inquietud.(…)
No me canso de verte.

V. - No crea, tío, que no me duele dejarlo.

D. J.- No te vayas, entonces.

V. - Desgraciadamente…

D. J.- Yo tengo la culpa. Si te hubiera visitado con frecuencia. Si te hubiera traído aquí en las vacaciones, quizá todo sería distinto.

V - Es posible.

D. J.- Un medio hay de que te quedes… Si yo te pidiera… en fin… Si te dijera que yo… No… no puedo…, no puedo.

RAMONA.- Lo que quiere es que se case usted con él, señorita. Perdóneme, señor, pero si yo no lo digo, usted no se atreve. (…) La quiere a usted mucho y él se merece todo porque es muy bueno.

V. - ¿Lo dice usted en serio?

D. J.- Sí. Y quiero que no te vayas nunca de esta casa.

V.- No es posible que esté usted en su juicio. Con lo contenta que estuve estos días… Ahora lo ha estropeado usted todo. Será mejor que me vaya a mi cuarto.

D. J.- ¡Espera! Perdóname. De veras, te pido sinceramente perdón. Quédate unos minutos. Si te vas ahora, pensaré que vas a guardarme rencor para siempre… Te prometo no hablar de nada que pueda molestarte.
Pondré un poco de música y tomaremos café.

2. Fíjate en los recursos expresivos que utilizan la Madre Superiora y D. Jaime para convencer a Viridiana de algo que ella rechaza, y utilízalos para la siguiente situación.

TÚ

1. Dentro de un mes te marchas para incorporarte a un nuevo puesto de trabajo en la sede de tu empresa en Australia. Se trata de una oportunidad que no puedes perder.

3. Quieres convencerla para que deje su trabajo y se vaya contigo.

5. Le prometes dos viajes anuales a España para visitar a la familia y a los amigos: en verano y en Navidad.

7. Le indicas que con tu sueldo podríais vivir los dos.

9. Su punto de vista te parece egoísta.

11. No estás dispuesto a vivir lejos de la persona a la que quieres.

13. Enumeras las consecuencias negativas que tendrá para ti, dentro de la empresa, rechazar esta oportunidad.

TU COMPAÑERA

2. Trabajas en Barcelona y no estás dispuesta a dejar tu trabajo y marcharte a Australia.

4. Vivir en Australia significa estar lejos de la familia y de los amigos.

6. Insistes en que llevas diez años trabajando en la misma empresa y que están a punto de ofrecerte una promoción.

8. Te sientes ofendida y le recuerdas que fuiste tú quien le ayudó a que él terminara sus estudios.

10. Le ofreces la posibilidad de continuar vuestra relación y de que os veáis dos veces al año.

12. Crees que la única solución es que él rechace el puesto en Australia.

¿Cómo vas a terminar esta discusión?

AHORA YA SABES

FUNCIONES

· Expresar amenazas.
· Hacer comparaciones hipotéticas.
· Prevenir a alguien de algo.
· Reprochar algo a alguien.

GRAMÁTICA

· CON TAL DE QUE, EN CASO DE QUE, EXCEPTO QUE, SALVO QUE, SIEMPRE QUE, SIEMPRE Y CUANDO + SUBJUNTIVO.
· COMO + SUBJUNTIVO.
· COMO SI + SUBJUNTIVO.
· DE HABERLO SABIDO, SI LO HUBIERA SABIDO, SI LLEGO A SABERLO.
· Reglas de acentuación (IV): hiatos.

1. Vamos a recordar algunas de las expresiones coloquiales y elementos conversacionales que hemos aprendido hasta aquí.

a. vamos

b. ¿Y de qué va?

c. hasta las tantas

d. ¡Vaya follón!

e. no se le ve el pelo

f. sin ir más lejos

g. ¿Me explico?

h. ¡Vete tú a saber!

i. me cuesta

j. pegar ojo

k. ¿me sigues?

l. o sea

1. △ Últimamente .... muchísimo conciliar el sueño, así es que por la mañana estoy hecha polvo.

○ ¿Y por qué no tomas algún tranquilizante antes de acostarte?

2. △ Hace días que no sé nada de Jesús…

○ Sí, últimamente .... ¡Estará liado!

3. △ El último libro de Isaac Asimov es bastante bueno …

○ ¿...?

4. △ ¡Chico, qué mala cara tienes!

○ Es que anoche no pude .... La verdad es que estuve despierto .... , ya no sé ni qué hora era cuando conseguí dormirme.

5. △ ¿Quién podría darle clases particulares de matemáticas a la niña?

○ Pues la hija de la vecina del quinto .... Es profesora en un colegio.

6. △ ¡No puedo creer que se nos haya estropeado otra vez este dichoso coche!

○ .... , que no podremos ir de excursión este fin de semana. ¡Con las ganas que tenía…!

△ Pues parece que no. Lo siento.

7. △ ¿...............................?

○ No, la verdad es que no lo entiendo.

8. △ En español cada vez se usa menos la forma de tratamiento *usted*, principalmente depende de con quién y en qué situación nos encontremos, ¿...............................?

○ .... , que hay que tener en cuenta el tipo de relación que tenemos con el interlocutor, ¿no?

△ Efectivamente.

9. △ ¡...!

○ ¿Qué pasa?

△ Nada, que la chica que viene a cuidar a los niños ha llamado para decir que no puede venir, que un familiar suyo ha tenido un accidente de coche, que no ha sido grave, pero… ¡que no puede venir!

10. △ Se ha enfadado muchísimo. ¿Adónde habrá ido?

○ ....

REVISIÓN

2. Completa la siguiente narración con los tiempos verbales adecuados. ¡Recuerda que expresamos probabilidad con los futuros y el condicional!

El sábado pasado (celebrar, nosotros) .... una cena de antiguas alumnas del colegio. (Decidir, nosotros) .... quedar en un restaurante italiano que se llama Paparazzi y que (estar) .... en una zona donde (resultar) .... fácil aparcar. Por el camino, iba yo pensando: "¿(encontrar) .... Pilar ese maravilloso trabajo con el que soñaba cuando (estar, nosotros) .... en el colegio? Y Coco, ¿(casarse) .... con el piloto con el que (salir, ella) .... cuando estaba en la Universidad? Y Cristina.... ¿(encontrar) .... al hombre de sus sueños?" (Llegar, yo) .... la primera, el restaurante (estar) .... vacío, un amable camarero me preguntó qué (querer, yo) .... tomar, le dije que me (poner, él) .... un vino blanco muy seco mientras (esperar, yo) .... A los diez minutos, (llegar) .... Pilar que, por cierto, no (cambiar) .... mucho.

3. ¿Podrías darle este mensaje a Miranda de parte de Laura? Transfórmalo al estilo indirecto haciendo los cambios que consideres oportunos y omitiendo aquellos elementos que no sean necesarios:

> *Miranda, acabo de volver de vacaciones. ¡Me lo he pasado fenomenal! He ido al Club y me han dicho que las clases de aeróbic empiezan de nuevo dentro de una semana, ¿vas a continuar este año? También he visto anunciado en el tablón un torneo de paddle, ¿te apetecería participar conmigo como pareja? Espero que sí. Dímelo cuando nos veamos. Otra cosa, si necesitas que me quede con tus niños algún día, llámame, ya sabes que tengo todas las tardes libres, y tus hijos son adorables. Espero verte pronto, un abrazo,*
>
> *Laura.*

¿Podrías hacer lo mismo con el de Miranda para Laura? Tener amigas comunes puede ser una lata, ¿no?

> *Querida Laura,*
> *me alegró muchísimo recibir noticias tuyas y me alegra enormemente que hayas disfrutado tanto de las vacaciones, ¡te las merecías! Yo me he quedado casi todo el verano en Madrid, no sabes qué envidia me daba pensar que tú estabas en la playa. Bueno, tengo que darte una noticia muy importante: estoy embarazada. Sí, en serio, también ha sido una sorpresa para nosotros, pero estamos encantados. Así es que tengo intención de hacer algo de ejercicio, pero no creo que el aeróbic o el paddle sean los más adecuados; creo que voy a empezar a dar largos paseos, ¿te apuntas? Siento mucho no poder ser tu pareja en el torneo, se lo comenté a mi hermana y me ha dicho que a ella le encantaría, llámala.*
> *Gracias por lo de los niños, eres una gran amiga.*
> *Nos vemos pronto, un beso,*
> *Miranda.*

4. Completa el siguiente diálogo con los tiempos y modos adecuados:

△ Ring, ring…

○ ¿Sí? ¿(Decir) ....me?

△ ¡Dichosos los oídos! (Llevar, yo) .... tres días llamándote, y nada, pero ¿dónde te (meter) ....?

○ Lo siento, es que (tener, yo) .... mucho trabajo y (desconectar, yo) .... el teléfono.

△ ¡Hombre, me parece muy bien que (querer, tú) .... que te (dejar, nosotros) .... tranquila, pero, al menos, (deber, tú) .... haber dejado el contestador automático puesto! ¿No te parece? ¿Y si (tener, yo) .... que llamarte por algo urgente? ¿Cómo piensas que (poder, yo) .... avisarte?

○ Ya te he dicho que lo (sentir, yo) .... Y, además, llevo un día horrible: se me (escapar) .... el perro esta mañana.

△ ¡Vaya! ¿Dónde se (meter) .... ? Como (ser) .... de raza, a lo mejor alguien lo (robar) ....

○ No creo, porque (ser) .... muy desconfiado con los desconocidos, además, ¡no (ser, tú) .... alarmista!

△ Pues, nada, seguramente (estar) .... cerca de casa.

○ ¡Eso espero!

△ ¿(Avisar) .... a la policía?

○ Sí, esta mañana.

△ Espero que (aparecer) .... pronto. Te (llamar, yo) .... luego, ¿vale? Y me alegro de que, por fin, (coger, tú) .... el teléfono.

5. ¿Por o para?

1. △ ¡Anda, ve .... el pan!
  ○ ¿Qué dices?
  △ Que hagas el favor de bajar a comprar el pan, que hace falta .... la comida.

2. △ Me han dicho que se ha llevado el coche la grúa…
  ○ Sí, ... aparcar en doble fila.

3. △ ¡Te has comprado un nuevo ordenador!
  ○ Era de mi hermano, se lo he comprado .... 30.000 ptas.
  △ Una ganga, ¿no?

4. △ ¿Qué te parece el novio de Gema?
  ○ Yo lo conozco desde hace muchos años y lo tengo .... una persona muy responsable.

5. △ ¿Te ayudo?
  ○ Bueno, ya está casi todo, pero están las camas .... hacer.

REVISIÓN

6. Escucha y coloca el acento ortográfico en aquellas palabras que lo necesiten. Justifica su presencia o ausencia.

¿UNA SOCIEDAD HIPNOTIZADA?

Antes de la era digital, la implantacion de los medios de comunicacion de masas habia logrado alterar sustancialmente las costumbres y formas de comportamiento de la gente. El telefono, a costa de la ruptura de la intimidad, se convirtio feliz y paradojicamente, en una prolongacion de la misma. ¿Hay alguien que pueda imaginar lo que habrian sido los romances de este siglo si los adolescentes casaderos no hubieran podido hablar por este aparato? Por otro lado, la television transformo hasta extremos increibles la convivencia familiar, el fax amenazo con acabar con el correo tradicional. Todo esto nos obligo a establecer una distribucion diferente de nuestro tiempo. Las necesidades del ocio se transformaron: el ambito fundamental de la comunicacion, publica o privada, se refugio en los hogares; se desarrollaron nuevas relaciones entre los usuarios y los medios de comunicacion. Habida cuenta de todo esto, nadie se podra extrañar del importante impacto que el uso de las nuevas tecnologias tendra en los comportamientos sociales e individuales.

El numero de horas de consumo televisivo en los paises industrializados varia entre tres y cinco; de cualquier manera, constituyen un buen porcentaje del tiempo que permanecemos despiertos. Entre las ocho y las once de la noche mas de una tercera parte de la poblacion mundial se encuentra sentada ante el televisor, independientemente de cual sea la calidad de los programas que se les ofrecen. No ha existido en la historia de la Humanidad un fenomeno capaz de condicionar por si mismo los habitos y las formas de vida de tal numero de personas a la vez.

En el caso de Internet, los navegantes del ciberespacio necesitan una cantidad considerable de tiempo para adentrarse en las aguas de la red. Lo cierto es que, por rapidos que sean los servidores informaticos y expertos los cibernautas, la busqueda de datos y, sobre todo, el dialogo entre los usuarios exigen, hoy por hoy, una cantidad de tiempo del que normalmente no disponemos.

---

7. Escribe tu opinión sobre los cambios que está experimentando la sociedad actual a raíz de la incorporación de las nuevas tecnologías a nuestras vidas. Recuerda todos los recursos que hemos aprendido para razonar y justificar nuestras opiniones.

En mi opinión _____ . Creo que _____ ;

sin embargo, _____ . En primer lugar, _____ ; en

segundo lugar, _____ .

Por todo ello, creo que _____ .

UNIDAD 6

¡DIGAN LO QUE DIGAN!

Querido Alfonso:

Me decías en tu última carta que no sabes qué hacer con tu vida, que los estudios de ingeniería te aburren y que lo que verdaderamente te interesa es el cine y, en mi opinión, no parece que esto tenga solución. Por supuesto, no es que yo quiera decirte lo que debes hacer, ni que quiera convencerte de una posibilidad que todavía estás considerando. Por mucho que te digamos todos, debes ser tú quien decida si abandonas la carrera o si sigues con ella, a pesar de que probablemente nunca vayas a dedicarte a construir puentes o carreteras. No ignoro, sin embargo, que tener un título universitario es muy importante en nuestra sociedad.

Te digo todo esto a sabiendas de que abandonar la carrera supondrá una catástrofe familiar, pero ¿no crees que hacer algo por lo que no sientes ningún gusto va a ser también una catástrofe, aunque esta vez sea de tipo personal?

Bueno, ¿y si lo miramos desde otro punto de vista? Termines los estudios o no, lo importante es que seas el mejor y, para ello, es imprescindible que sientas una verdadera pasión. Te podría dar mil razones por las que creo que deberías hacer lo que realmente quieres, a pesar de las dificultades que ahora puedas ver, pero has de ser tú quien tome la decisión. Una última cosa: recuerda que no es suficiente con tener un sueño, hay que tener valor para hacerlo realidad.

Un beso, tu hermana.

1. Fíjate en las estructuras del texto de la página anterior y relaciona los elementos de las dos columnas.

1. Por mucho que te digamos todos…

2. …a pesar de que probablemente nunca vayas a dedicarte a…

3. …a sabiendas de que abandonar…

4. Termines los estudios o no…

5. …a pesar de las dificultades…

A. Es un hecho comprobado y evidente que las dificultades son muchas, pero eso no ha de ser un obstáculo.

B. Aunque, lo más probable es que nunca en el futuro vayas a dedicarte a la ingeniería.

C. Independientemente del hecho de que termines los estudios.

D. A pesar de la opinión de los demás.

E. El hecho de que soy consciente de lo que te supondrá dejar los estudios no impide que piense que…

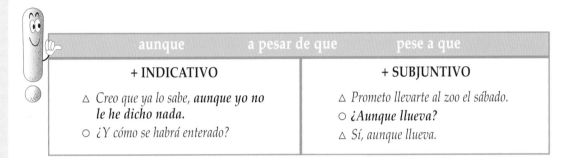

aunque	a pesar de que	pese a que
+ INDICATIVO		**+ SUBJUNTIVO**
△ *Creo que ya lo sabe,* ***aunque yo no le he dicho nada.*** ○ *¿Y cómo se habrá enterado?*		△ *Prometo llevarte al zoo el sábado.* ○ *¿Aunque llueva?* △ *Sí, aunque llueva.*

2. Intenta convencer a Alfonso de que debe dedicarse a lo que realmente le gusta: la dirección cinematográfica. Recuerda que con *aunque* hablamos de problemas que pueden o no impedir la realización de algo.

TÚ	ALFONSO
	· El mundo del cine es muy arriesgado. · No tiene contactos. · Es difícil conseguir un trabajo fijo y estable. · Hoy en día no interesa el cine intelectual.

6

GRAMÁTICA ¡VAMOS A REFLEXIONAR!

EXPRESAR PROBLEMAS QUE IMPIDEN EL CUMPLIMIENTO DE ALGO

1. POR MUCHO / MÁS + QUE + INDICATIVO / SUBJUNTIVO

△ **Por más que lo intento** (aunque lo intento), no puedo dejar de pensar en él.

○ Siento recordártelo, pero ya sabes que vuestra relación no tiene ningún futuro.

△ Ya… Ya lo sé…

2. POR MUY + ADJETIVO / ADVERBIO + QUE + SUBJUNTIVO

△ Pero si es un chico muy inteligente…

○ Pues **por muy inteligente que sea** (aunque sea muy inteligente, como tú dices), está resultando un inepto en este proyecto.

△ ¡Hombre, dale una segunda oportunidad!

EXPRESAR SEGURIDAD SOBRE EL CUMPLIMIENTO DE ALGO

VERBO 1 SUBJUNTIVO	+ RELATIVO	lo que el que la que quien como donde cuando cuanto	VERBO 1 SUBJUNTIVO

△ **Digan lo que digan** (independientemente de lo que digan), voy a dejar este trabajo de una vez… ¡Es que no lo aguanto!

○ ¿Estás segura? Te lo pregunto porque hoy en día es bien difícil encontrar un trabajo…

△ **Llame quien llame**, no abras la puerta, por favor.

○ ¿Y si es el portero?

△ No importa, **sea quien sea**, no abras. No olvides que ha habido muchos robos últimamente.

EXPRESAR LA INEVITABILIDAD DE ALGO

VERBO1 (SUBJUNTIVO) + O NO VERBO1 (SUBJUNTIVO)

△ **Quieras o no quieras** (aunque no quieras), tienes que comer algo. ¡Te estás quedando en los huesos!

○ ¡Qué exagerada!

△ **Haga sol o no** (aunque no haga sol), mañana voy a jugar al golf… Hace un mes que no juego y… ¡no puedo seguir así!

○ Pues, venga, no lo pienses más y ve hoy mismo.

Quedarse en los huesos: adelgazar en exceso.

EXPRESAR UN REPROCHE

Y ESO QUE	+ INDICATIVO
Y MIRA QUE	

△ *¡Se me han mojado todos los libros!*

○ *¡**Y mira que te dije** que te llevaras el paraguas… que iba a llover! Pero como nunca me haces caso…*

Utilizamos estas estructuras para expresar nuestro reproche ante el resultado negativo de una acción y para recordar que nosotros ya lo habíamos previsto y habíamos avisado de ello.

CONVENCER A ALGUIEN

- ¿Estás seguro? No olvides que…
- Pero, ¿no crees que…?
- Creo que lo mejor es que… ¿no te parece?
- ¡Por supuesto! Pero no olvides que…
- Espera, espera, ¿de verdad crees que…?
- Respeto tu punto de vista, pero…
- Me pregunto si has tenido en cuenta que…
- Hazme caso… Podría darte mil razones por las que…
- ¿No te das cuenta de que sería mucho mejor que…?
- Sí, es verdad, pero míralo de otra manera, verás…

EXPONER ARGUMENTOS

- Deja que te explique… Verás…
- Espera que te diga por qué…
- El caso es que…
- Verás, la cosa es más o menos así…
- Creo que, después de oírme, vas a entender por qué…
- Tengo mis motivos para… y son los siguientes: en primer lugar…; en segundo lugar…, y para terminar…

△ *¡Estas loco! Me han dicho que has rechazado la oferta de Mercedes-Benz… Pero si el sueldo era buenísimo…*

○ ***Creo que, después de escucharme, vas a entender por qué. Verás, el caso es que** me pedían que me mudara a Stuttgart y, ya lo sabes, yo tengo mi vida aquí, y…*

VAMOS A PRACTICAR

 1. Toma nota de los consejos que un director de cine experimentado da a un guionista novel.

2. Completa con los tiempos y modos adecuados.

1. △ Por más que (comer, yo) .... ensaladas todos los días, no logro adelgazar ni un gramo.

○ ¿Por qué no haces algo de ejercicio?

△ Mira, (hacer, yo) .... lo que (hacer, yo) .... , no adelgazo. ¡Debe de ser el metabolismo!

2. △ Aunque (haber) .... una cola enorme, conseguí sacar las entradas. ¡Menos mal!

○ ¿Tanto te gusta ese grupo?

△ No lo sabes tú bien… Aunque (tener) .... que dormir en la puerta del auditorio tres noches seguidas, habría esperado.

3. △ Ya le he dicho que (querer, él) .... o no, se lo tiene que decir a su padre, porque, al fin y al cabo, es quien le da el dinero, ¿no te parece?

○ Sí, supongo que tienes razón.

4. △ ¿Y qué te dijo?

○ Pues nada, que, aunque (tener, ella) .... que ponerse a trabajar, no le pediría ni un duro.

△ Ya, pero a su edad es difícil encontrar un trabajo, ¿no?

5. △ ¿Y si se lo digo yo?

○ Creo que aunque se lo (decir) .... tú, no va a entenderlo y se va a enfadar, pero si quieres intentarlo… es cosa tuya.

△ Es que por más que lo (pensar, yo) .... , no se me ocurre otra cosa que podamos hacer.

○ ¿Y si le escribimos una carta?

6. △ ¿Qué tal sigues?

○ Mucho mejor, aunque todavía (tener, yo) .... un poco de fiebre. Es posible que mañana (ir, yo) .... ya a trabajar.

△ Pues yo creo que deberías quedarte unos días más en la cama, aunque tú (creer) .... que no.

7. △ Es curioso, pero por mucho que (estudiar) .... , no consigo aprobar esta asignatura. ¡No sé qué mas puedo hacer!

○ ¿Pero entiendes lo que estudias?

△ Hombre, algunas cosas no…

○ Pues esa es la cuestión.

Esa es la cuestión: ahí está el problema.

3. Estás desesperado por muchos motivos. Coméntaselo a tu compañero(a) y deja que te anime.

> △ *¡No sé qué más puedo hacer! La he llamado, le he pedido perdón, he dejado mensajes en su contestador automático y…nada.* **Por mucho que lo intento**, *no quiere volver a saber nada de mí.*
> ○ *¡Ten paciencia, hombre! Ella tiene sus motivos y lo sabes, ¿no?*

1. Llevas semanas estudiando el subjuntivo, pero te resulta imposible utilizarlo al hablar.
2. Te has pasado la vida ahorrando, pero nunca tienes dinero suficiente para todos tus gastos.
3. Has arreglado el televisor tres veces en lo que va de año y todavía no funciona.
4. Te cortas el pelo cada quince días para que crezca más fuerte, pero aun así sigue estando muy débil.
5. Llevas tres semanas comiendo ensaladas, pero no consigues adelgazar.

4. Estas cosas te pasan por no hacer caso de lo que te dicen, así es que ahora debes soportar los reproches que mereces.

> △ *¡Vaya! ¡Me he cortado!*
> ○ **Y eso que te dije que tuvieras** *cuidado. Como no me haces caso nunca…*

1. Has lavado la chaqueta y ha encogido. Tu hermana te había recomendado que la lavaras a mano, **por si acaso**.
2. Has vuelto a suspender el examen de conducir. Tu profesor te había aconsejado que no te examinaras, porque creía que no estabas preparada.
3. Las hortensias de la terraza se han secado. Tu marido te había pedido que las regaras todos los días dos veces.
4. Has comido demasiado durante las vacaciones y has engordado.
5. Te has pasado toda la tarde jugando al tenis y te has quemado. Te habían dicho que te pusieras crema protectora.

> **Por si acaso = Por si las moscas:** por si algo ocurre o llega a ocurrir.

5. Tu compañero(a) tiene una semana de vacaciones y no sabe adónde ir. Tú estuviste el año pasado navegando por el Amazonas y te lo pasaste fenomenal. Así es que quieres convencerle de que haga lo mismo. Además, será una oportunidad para practicar su español.

> △ *Navegar por el Amazonas fue una experiencia fascinante…*
> ○ *Aunque sea fascinante, como tú dices, yo me mareo con el balanceo del barco.*

TÚ	TU COMPAÑERO(A)
· Navegar es una experiencia fascinante.	· No soportas los mosquitos.
· El paisaje es realmente pintoresco.	· Te mareas con el balanceo del barco.
· Las lluvias torrenciales a media tarde fueron una experiencia inolvidable.	· No aguantas un clima húmedo y tropical.
· Aprendiste a pescar y ganaste un concurso local.	· No sabes vivir sin tu ducha y tu secador de pelo.
· La gastronomía local es deliciosa.	· Te pone nervioso(a) la visión de un reptil.
· Conociste a mucha gente interesante.	· No sabes pescar.
¡Y, además, pudiste practicar tu español!	· El viaje resulta demasiado caro.
	¡Y, además, necesitas urgentemente mejorar tu español!

6. Hay motivos suficientes tanto para defender la eutanasia como para condenarla. Sería interesante que tú y tus compañeros manifestarais vuestra opinión y la justificarais. Recuerda las estructuras y expresiones que utilizamos para convencer a alguien de algo y para exponer nuestros argumentos.

A FAVOR

Entendida la eutanasia en su sentido etimológico de "buena muerte" supone una aspiración tan profundamente humana que apenas cabe discutir el tema; sin embargo, desde hace al menos cuatro decenios se ha convertido en una demanda cada vez más acuciante, pero también más cuestionada. (...) No sólo tenemos el derecho, sino el deber de aspirar a una buena muerte, eutanasia. (...) La muerte pública de Ramón Sampedro ha tenido la virtud por él querida de obligarnos a una reflexión más profunda sobre la muerte en nuestra sociedad, abriendo un debate desde hace mucho tiempo necesario (...) Pero también ha traído consigo un enorme desconcierto al confundir la eutanasia con la ayuda al suicidio. (...) La vida del tetrapléjico no es fácil, como no lo es la de otras personas enfermas o en situaciones sociales, familiares, incluso profesionales, que solemos llamar límites. Pero, por terrible que sea la situación en la que nos haya colocado la vida, únicamente cada cual puede juzgar por sí mismo si vale la pena vivirla. Justamente somos libres porque vivimos nuestra libertad en el empeño de seguir viviendo; si quisiéramos, podríamos suicidarnos. (...) La vida vale porque la elijo libremente; no porque, sin poder quitármela, esté condenado a vivirla.

IGNACIO SOTELO, El País, 27-3-98

EN CONTRA

(...) Entiendo que desde un punto de vista laico, o sea, sin ninguna implicación religiosa, el suicidio es una acción inmoral, éticamente contraria al bien del hombre y de la sociedad, que ningún legislador, por muy laico que se sienta, puede legitimar. Nadie puede disponer, no ya de la vida del otro, sino de la propia vida. El derecho a la vida es un derecho-deber, es decir, un derecho indisponible.(...) Creada la comisión parlamentaria para debatir la posibilidad de legalizar la eutanasia (...) Si son verdaderamente humanistas, deben oponerse a la legalización de la eutanasia; no porque lo diga la Iglesia, sino simplemente porque el humanismo se opone a todo lo que daña la dignidad del hombre, y tanto el homicidio como el suicidio la dañan irreparablemente en lo más fundamental.

RAFAEL TERMES, El País, 6-4-98

SE DICE ASÍ Y ASÍ SE ESCRIBE

Aquí tienes un conjunto de expresiones que utilizamos para establecer un orden en nuestras argumentaciones. Numéralas indicando el uso que hacemos de ellas.

1. Para ordenar los argumentos y razones.

2. Para hacer una objeción o limitar una opinión.

3. Para concluir la argumentación.

4. Para empezar la argumentación.

5. Para introducir nuestra opinión.

6. Para expresar la evidencia de una opinión.

7. Para manifestar un punto de vista contrario.

8. Para introducir un tema secundario.

9. Para añadir otros argumentos relacionados.

10. Para clarificar lo ya dicho.

> no obstante
> sin embargo
> con todo (lo dicho hasta ahora)

> para empezar
> lo primero de todo
> en primer lugar

> con respecto a
> en relación con
> en cuanto a
> en lo referente a
> por lo que se refiere a

> en primer lugar   (=primero)
> en segundo lugar (=segundo)
> en tercer lugar   (=tercero)

> por un lado / por otro lado
> por una parte / por otra parte
> además
> asimismo
> cabe añadir
> cabe señalar

> es decir
> en otras palabras
> en una palabra
> o sea
> esto es
> dicho de otra forma
> o, lo que es lo mismo,

> lo cierto es que
> de hecho
> ciertamente
> en realidad
> sin duda alguna
> evidentemente

> creo que
> en mi opinión
> a mi modo de ver
> a mi parecer
> a mi juicio
> para mí

> en conclusión
> en resumen
> para terminar
> para concluir
> finalmente
> en suma

> por el contrario
> en cambio
> en contraposición
> a pesar de esto

UN PASO MÁS

FICHA TÉCNICA:

HOLA, ¿ESTÁS SOLA?

Director: Icíar Bollaín

Guión: Icíar Bollaín, con la colaboración de Julio Medem

Fecha: 1995

1. *Tenía yo un sujetador de veinte duros y un novio que nunca aprendió a desabrochármelo. Así empieza la Niña el relato de un viaje con un punto de partida: prosperar, y una meta: hacerse rica. La Niña y Trini son las protagonistas de esta película: ¡Hola!, ¿estás sola?*

En el arcén, la Niña está sentada en su bolsa, con la cabeza entre las manos. El aspecto de la Niña es de abandono, de soledad total, mientras contempla cómo el tren se aleja en el paisaje pelado. Trini se sitúa al otro lado de la carretera, en la dirección contraria, y estira el dedo. La Niña la mira sorprendida.

N.- ¿Qué haces aquí?

T.- ¿Tú qué crees?

N.- ¿Y Pepe?

T.- ¡En el tren, con mis ropas y mis cosas y todo!

N.- ¡Oye, que yo no tengo la culpa!

T.- ¡Ah, no?

N.- Yo no te he dicho que te bajaras del tren.

T.- Mira, Niña, que voy **y te parto la cara**, ¿eh?

N.- Si te has bajado ha sido porque **te ha dado la gana**, porque yo no te lo he pedido.

T.- Eres lo más egoísta **que me he echado a la cara**.

N.- Y eso, ¿a qué viene?

T.- ¿Cómo que a qué viene? A que me preocupo por ti, para que no hagas tonterías y no vayas sola y…

N.- Así que te preocupas, ¿eh? Ya he visto lo que te ha importado que no viniera Olaf…

T.- Mira, piensa lo que te dé la gana, yo no voy a hacer más por ti porque **me largo; por mí** te puedes morir ahí, si quieres…

N.- ¿Qué vas a hacer?

T.- ¡Pues **seguir a dedo**, a ver, qué quieres que haga!

N.- A lo mejor Pepe se baja en la próxima parada y te espera… A lo mejor vuelve a por ti…

T.- ¡Si no te hubieras bajado, esto no habría ocurrido!

N.- ¡Si me hubieras dejado en paz esperando a Olaf, tampoco!

T.- Niña, tú eres gilipollas. ¿Te crees que me iba a marchar con Pepe y Mariló dejándote sola en Madrid, **sin un duro y en la calle**? ¿Tú te crees que yo hubiera hecho eso? (…) ¡A ver si te crees que **me importa a mí un bledo** esa tontería de hacernos ricas si nos vamos juntas!

N.- ¿Te parece una tontería?

T.- Pues sí.

N.- Pues cuando te lo dije no te lo pareció.

T.- Pues ahora, sí.

ICÍAR BOLLAÍN, *Hola, ¿estás sola?*

2. Ahora vamos a fijarnos en algunas estructuras y expresiones que han aparecido en el texto que acabamos de leer.

1. *¡Oye, que yo no tengo la culpa!*	**¡OYE, QUE YO NO + INDICATIVO!**	*Para protestar cuando alguien nos ha responsabilizado de algo y no estamos de acuerdo.*
2. *¿Cómo que a qué viene?*	**¿CÓMO QUE + REPETICIÓN DE PREGUNTA?**	*Para manifestar que la respuesta a la pregunta que nos hacen es evidente o no tiene sentido.*
3. *Si no te hubieras bajado, esto no habría ocurrido.*	**SI + PLUSCUAMPERFECTO DE SUBJUNTIVO, CONDICIONAL**	*Para hacer una hipótesis de realización imposible.*

3. ¡Estás harto(a) de que tu compañero(a) crea que tú tienes la culpa de todo!

> △ *¡Oye, que yo no tengo la culpa de todo!*
> ○ *¡Ah, no?*

1. ¡Otra vez nos hemos quedado sin pan para desayunar!
2. ¡El coche tiene el depósito de la gasolina en la reserva!
3. ¡Esta casa huele a tabaco!
4. ¿Quién se ha bebido todas las latas de cerveza que había en la nevera?

4. ¡Qué preguntas tan absurdas te hacen!

> △ *Y eso, ¿a qué viene?*
> ○ *¿Cómo que a qué viene?*

1. ¿Y mis llaves? ¿Dónde las has puesto?
2. ¿Cuándo piensas cortarte el pelo? ¡Tienes una pinta…!
3. ¿No piensas poner la mesa?
4. ¿Vas a pasarte la tarde hablando por teléfono? ¡Estoy esperando una llamada de la oficina!

5. ¿Y si las cosas hubieran sido diferentes?

> △ *¡Si no te hubieras bajado del tren, esto no habría ocurrido!*
> ○ *¡Si me hubieras dejado en paz esperando a Olaf, tampoco!*

1. ¿Cómo es que no me has avisado? / Tener un teléfono móvil.
2. ¡Otra vez he suspendido el examen de conducir! / Practicar más y estar menos nervioso(a).
3. María sigue sin querer hablar conmigo/ Pedirle perdón.
4. ¡Pues nada, que me he echado una siesta y he llegado tarde a la reunión! / Poner el despertador.

AHORA YA SABES

FUNCIONES

· Hablar de dificultades para la realización de algo.
· Expresar un reproche sobre las consecuencias negativas de una acción o actitud.
· Exponer las razones de algo.
· Convencer a alguien de algo.
· Expresar la inevitabilidad de algo.

GRAMÁTICA

· POR MUCHO / MÁS QUE + IND / SUBJUNTIVO.
· POR MUY + ADJETIVO + QUE + SUBJUNTIVO.
· Y ESO QUE, Y MIRA QUE, SI BIEN + INDICATIVO.
· VERÁS, DEJA QUE TE EXPLIQUE…
· ¿ESTÁS SEGURO? NO OLVIDES QUE…
· PASE LO QUE PASE / QUIERAS O NO.
· Conectores discursivos.

UNIDAD 7

¡NO ES TAN INCREÍBLE COMO IMAGINABA!

Lee este fragmento de la obra de R.J. Sender, *La tesis de Nancy*, que narra la historia de una joven estadounidense que ha decidido pasar una temporada en Sevilla para redactar su tesis doctoral.

Dearest Betsy:

Voy a escribir mis impresiones escalonadas en diferentes días aprovechando los ratos libres. (…)

¿Qué decirte de la gente española? En general, encuentro a las mujeres bonitas e inteligentes, aunque un poco… no sé cómo decirte. Yo diría afeminadas. Los hombres, en cambio, están muy bien, pero a veces hablan solos por la calle cuando ven a una mujer joven. Ayer pasó uno a mi lado y dijo:

– Canela.

Yo me volví a mirar, y añadió:

– Canelita en rama.

Creo que se refería al color de mi pelo. (…)

Ayer me presentaron a dos muchachos en la calle de las Sierpes, y yo, que llevaba mis libros debajo del brazo y andaba con problemas de gramática, pregunté al más viejo: "Por favor, ¿cómo es el imperfecto de subjuntivo del verbo airear?" El chico se puso colorado y cambió de tema. ¿Por qué se puso colorado? (…)

Me suceden cosas raras con demasiada frecuencia. Y no se puede decir que los hombres sean descorteses, no. Al contrario, se preocupan del color de mi pelo y hasta de mi salud. En la puerta del café hay siempre gente joven, y cuando vuelvo a casa, veo que alguno mira y dice: "Está buena". Yo no puedo menos de agradecerles con una sonrisa su preocupación por mi salud. Son muy amables, pero no los entiendo. A veces se ponen rojos sin motivo, o se ponen pálidos. Sobre todo cuando les pregunto cosas de gramática. (…)

Si vienes a España, Betsi, te aconsejo que no hagas preguntas a la gente sobre gramática. Todos cambian de tema y ponen gesto agrio. La gramática no es popular en este país, al menos en Alcalá de Guadaira y en Sevilla. Ayer le pregunté al dueño de la farmacia del barrio el subjuntivo de un verbo. Él me dijo que era una pregunta muy graciosa y me presentó a su mujer.

RAMÓN J. SENDER, *La Tesis de Nancy*.

1. Vamos a fijarnos en algunas de las impresiones de Nancy durante el tiempo que pasó en España.

A veces se ponen rojos sin motivo, o se ponen pálidos.

El chico se puso colorado… ¿Por qué se puso colorado?

… encuentro a las mujeres bonitas e inteligentes, aunque un poco… afeminadas.

ponerse + adjetivo de color, aspecto, estado de ánimo o salud.

2. Con la ayuda de tu diccionario trata de esclarecer el significado de los adjetivos que utilizamos para describir el aspecto físico de las personas.

ESTATURA Y ASPECTO GENERAL

- alto(a)
- bajo(a)
- de estatura media
- de complexión fuerte
- de complexión delgada

COLOR DE PELO

- negro
- rubio
- castaño
- pelirrojo
- teñido

TIPO DE PELO

- largo
- corto
- media melena
- liso
- rizado
- ondulado

CARA

- delgada
- ancha
- alargada
- redonda
- expresiva

NARIZ

- pequeña
- grande
- alargada
- recta
- chata
- aguileña

LABIOS

- delgados
- gruesos
- blanquecinos
- carnosos
- rosados

CEJAS

- gruesas
- delgadas
- rectas
- arqueadas
- juntas
- separadas

PESTAÑAS

- largas
- cortas
- rizadas
- lisas
- oscuras
- claras

FRENTE

- ancha
- estrecha
- lisa
- arrugada

MARCAS EN LA CARA

- granos
- ojeras
- arrugas
- lunares
- manchas
- pecas
- cicatrices

MANOS

- grandes
- pequeñas
- finas
- gruesas
- de piel blanca
- de piel rugosa

PIERNAS

- largas
- cortas
- delgadas
- anchas

GRAMÁTICA ¡VAMOS A REFLEXIONAR!

PARA HACER COMPARACIONES Y EXPRESAR DIFERENCIAS

1. INFERIORIDAD ——————▶ MENOS + ADJETIVO + QUE

    △ *¿Qué te parece el nuevo modelo de Renault?*
    ○ *Me gusta, pero tiene un motor **menos potente que** el Seat. ¡Y ya sabes que lo quiero*
    para viajes largos! Así que probablemente compre el Seat.

2. IGUALDAD ——————▶
> TAN + ADJETIVO + COMO
> IGUAL DE + ADJETIVO + QUE
> VERBO + TANTO COMO + VERBO / NOMBRE
> VERBO + COMO + PRONOMBRE PERSONAL

    △ *Se parece muchísimo a su madre, ¿verdad?*
    ○ *Sí, es **igual de alto que** ella. **Es como ella.***

3. SUPERIORIDAD ——————▶ MÁS + ADJETIVO + QUE

    △ *¿Cómo es que has decidido comprar ese abrigo? ¿No te gustaba más el otro?*
    ○ *Sí, pero es que este modelo es **más largo que** el otro y me queda mejor, ¿no te parece?*
    △ *Sí, sí que te queda bien. ¡Te hace mucho más alta!*

PARA COMPARAR A PERSONAS POR SU FÍSICO O SU CARÁCTER

1. Cuando son iguales:
    △ *Es que es **idéntico a su madre**, ¡fíjate!*
    ○ *¿Y qué nombre le vais a poner?*
    △ *Como la abuela: Soledad.*

> *Se parece (mucho, bastante, un poco) a...*
> *Es muy parecido a ...*
> *Es como ...*
> *Es idéntico a ... (son idénticos).*
> *Es clavadito a .... (son clavaditos).*
> *¡Fíjate! Pero si son igualitos...*

2. Cuando son diferentes:
    (NO) ES TAN + ADJETIVO + COMO + OTRA PERSONA
    △ *¿Qué tal el niño?*
    ○ *Pues muy bien, pero **no es tan tranquilo como** su hermana.*

    ES MÁS / MENOS + ADJETIVO + QUE + OTRA PERSONA
    △ *¡Ah! ¿Sí?*
    ○ *Sí, es que **es más despierto** y, claro, **más inquieto**.*

PARA EXPRESAR DECEPCIÓN

Pues mira, si quieres que te diga la verdad…
Para serte sincera…
Entre tú y yo, debo decir que…
Pues mira, creo que…. pero que quede entre nosotros, ¿vale?

1. NO SER/PARECER + TAN + ADJETIVO + COMO + VERBO

   △ *Para serte sincera, Antonio Banderas **no me parece tan bueno como dicen.***
   ○ *Pues a mí me encanta, ¿lo has visto en* La máscara del Zorro? *¡Es genial!*

2. NO (VERBO) +TANTO COMO + VERBO

   △ *¿Te gustó la película? ¡Es genial!, ¿verdad?*
   ○ *Si quieres que te diga la verdad… **no me gustó tanto como esperaba.***
   △ *¿Y eso?*
   ○ *Pues no sé… Me resultó un poco lenta.*

3. VERBO + MÁS/MENOS + ADJETIVO + DE LO QUE + VERBO

   △ *¡Oye! ¿Qué te ha parecido la nueva chica de Carlos?*
   ○ *Pues mira, entre tú y yo, **mucho menos espectacular de lo que él decía**, la verdad.*
   △ *Pero es más simpática que la otra, ¿no?*
   ○ *Sí, eso sí.*

PUES…

Lo utilizamos para introducir:

   a. una opinión contraria.
   b. una expresión de ignorancia.
   c. una llamada de atención.
   d. una opinión cualquiera.

NO MÁS DE

△ *¿Cuántos años crees que tiene?*
○ *No sé, pero **no más de veinte.***

(Puede tener dieciocho o diecinueve,
pero como máximo, veinte).

NO MÁS QUE

△ *Parece joven, ¿no?*
○ *Sí, **no** tiene **más que veinte** años.*

(Sólo tiene veinte años, pero veinte
exactamente).

VAMOS A PRACTICAR

1. Completa estos diálogos con alguna de las estructuras que utilizamos para hacer comparaciones:

1. △ ¿Te gusta la casa que nos han enseñado esta mañana?
   ○ Sí, pero no es .... grande .... pensaba… La verdad es que me gustaría que fuera .... grande. Y, por otra parte, tampoco es .... barata .... tú decías… Bueno, a mí no me parece barata, desde luego.

2. △ ¡No consigo entender cómo es que nunca tiene dinero!
   ○ Pues está muy claro: porque gasta .... gana, por eso.

3. △ Todo ha ido muy bien… La madre y el niño se encuentran en perfecto estado. Y el niño es idéntico .... su padre.
   ○ ¿.......... .... despierto .... su padre? ¿De verdad?
   △ Que sí, que sí… Lo comprobarás tú misma cuando vengas a verlo.

4. △ ¿Por qué no te ha gustado la película?
   ○ No es que no me haya gustado, es que no es .... divertida .... todo el mundo decía.

5. △ ¿Puedo ayudarle en algo?
   ○ Sí, mire… Estoy buscando una librería …
   △ ¿Qué le parece ésta?
   ○ Es preciosa… ¿Tiene un modelo .... bonito .... éste, pero .... grande? Es que soy profesora y tengo la casa abarrotada de libros… Ya no sé ni dónde ponerlos.

6. △ ¿Has visto la última película de Spielberg?
   ○ Sí, la vi el viernes pasado.
   △ ¿Y…?
   ○ Pues si quieres que te diga la verdad, no me parece .... buena .... afirman las críticas, ni hay .... violencia .... decían.
   △ Vamos, que no te ha gustado…
   ○ Bueno, me ha gustado .... cualquiera de las anteriores.

7. △ ¿Has visto ya el nuevo modelo de Renault?
   ○ Sí…
   △ ¿Y qué te ha parecido?
   ○ Hombre, tiene un estilo .... deportivo y dinámico, pero por dentro, no es .... grande .... el otro.

8. △ Ayer me encontré por la calle con Luisa.
   ○ ¿Luisa Pinilla?
   △ La misma.
   ○ ¿Y…?
   △ Pues está exactamente .... hace diez años… Quizá un poco .... delgada .... antes.

2. Completa con *ser, estar, tener, llevar o parecer* en el tiempo y modo verbal adecuados. ¿Sabes, además, de quién estamos hablando?

1. ¡A ver si lo adivinas…! .... un hombre maduro, alto, de complexión delgada y relativamente atractivo, aunque últimamente .... un aspecto algo más envejecido y las arrugas han empezado a marcar surcos en su rostro. Como no .... barba ni bigote excepto cuando lo exigen los guiones cinematográficos de las películas en las que actúa, ... mayor de lo que realmente ....
Lo más característico de su aspecto .... sus manos y sus piernas: delgadas.

2. .... una artista cuya popularidad ha sido reconocida en todo el planeta. .... difícil caracterizar su aspecto, ya que a lo largo de su carrera ha experimentado cambios notables. .... una mujer delgada, de estatura media y .... una expresión provocativa que, aveces, ... aniñada. Ahora .... el pelo teñido de negro, aunque en la última película que protagonizó, lo .... rubio. Recientemente .... una hija.

3. En esta foto aparece parte de la familia de Isabel. ¿Por qué no traes a clase una foto de tu familia y nos explicas quién se parece a quién?

Suzy es la más jóven de todos. Dicen que se parece a su madre en el carácter y a su padre en el físico. La verdad es que sus ojos son idénticos a los de su padre y es tan alta como su abuelo. Tiene el mismo sentido del humor que su abuela y la expresión de las personas felices.

Si quieres, puedes establecer parecidos entre los miembros de esta familia, pero sería más interesante con la tuya y las de tus compañeros.

4. Llevas meses buscando una nueva casa. El agente de la inmobiliaria está convencido de que, por fin, ha encontrado la casa de tus sueños y decide enseñártela. Desgraciadamente ésta tampoco es la casa que vas a comprar, ¡qué decepción!

△ *Ya verá, ya verá cómo le va a gustar…*

○ *Hombre, la verdad es que esta casa es preciosa, pero no es exactamente lo que yo imaginaba…*
En primer lugar, las vistas no son tan buenas como pensaba…además,..

ALUMNO A

Esta es la casa de tus sueños

- situada en plena naturaleza, aislada y con buenas vistas
- exterior de piedra
- cuatro plantas
- jardín grande y piscina individual
- buhardilla
- chimenea
- garaje para dos coches y una lancha motora.

ALUMNO B

Esta es la casa que has visto

- situada en una urbanización en el centro de un pueblo de montaña
- exterior de ladrillo
- tres plantas y un sótano
- jardín grande
- piscina comunitaria
- chimenea
- garaje para un coche.

5. Hace apenas media hora un joven te ha robado el walkman que llevabas en tu mochila. En la comisaría de policía te piden que hagas una descripción lo más exacta posible del sospechoso .

– Buenos días, agente, vengo a denunciar un robo…

– Verá, era un tipo de mediana edad, tendría unos cuarenta y tantos…

ser { joven / de mediana edad / maduro / mayor / viejo

– Sí, tenía el pelo muy corto y rizado, de color oscuro y llevaba un tatuaje en el brazo derecho… Lo recuerdo bien porque fue lo primero que me llamó la atención…

llevar { bigote, barba, perilla, gafas / una cicatriz, un tatuaje / pelo largo, corto, rizado

– Creo recordar que tenía la cara ancha…

tener { las piernas largas, cortas / la nariz larga, achatada / la cara ancha, estrecha

– Pues más bien alto, un poco más alto que yo, pero menos corpulento…

ser { (más bien) bajo / de altura + media / (más bien) alto

– Era de complexión fuerte, no gordo, sino ancho, fuerte, pero como ya he dicho, menos corpulento que yo…

ser { delgado / de complexión media / de complexión fuerte

En la comisaría de policía tienen fichado a un joven delincuente con antecedentes en robos similares en la zona, pero su fotografía no coincide con la descripción del joven que a ti te ha robado. Insiste en que no es ésta la persona que te robó, señalando las diferencias.

7

SE DICE ASÍ Y ASÍ SE ESCRIBE

1. Vamos a leer un texto en el que se dan argumentos para negar la existencia de los estereotipos culturales. Complétalo con los elementos del recuadro.

A. por supuesto
B. por otra parte
C. a mi juicio
D. es más
E. en cuanto a
F. en mi opinión
G. para terminar
H. lo que resulta obvio

IDENTIDAD CULTURAL

(1)............................, una de las majaderías más repetidas desde hace doscientos o trescientos años es la que predica la existencia de unos supuestos caracteres nacionales que determinan de modo inamovible la forma de ser y de pensar de los diferentes países. Aún seguimos oyendo que los andaluces son alegres; los alemanes, disciplinados; los gallegos, nostálgicos; los italianos, embaucadores, y los uruguayos, vaya usted a saber qué. (2)..........................., no niego que, por razones de educación común o circunstancias históricas compartidas, las comunidades humanas no puedan ofrecer un cierto aire de familia que las singularice. Son rasgos, (3)..........................., que varían de una época a otra. (…) (4)........................... los españoles, durante siglos fuimos tenidos por racialmente sombríos, crueles y beatos, hasta convertirnos hoy -por razones no menos raciales- en juerguistas sin remedio y en la alegre pandereta de la Europa comunitaria. Valgan lo que valgan tales generalizaciones (que, (5)..........................., valen más bien poco), (6)........................... es que nada pueden decirnos sobre el carácter de tal o cual inglés, francés o español individuales. (7)..........................., en todas las partes y en todas las culturas encontramos cualquier tipo imaginable de formas de ser personales. (8)..........................., estoy seguro de que en lo más profundo de la selva amazónica ha de vivir algún tupí-guaraní cuya idiosincrasia se parezca más a la mía que la de muchos de los vecinos de mi barrio.

FERNANDO SAVATER

2. ¿Cuál es tu opinión sobre los tópicos y estereotipos culturales? ¿Y la de tu compañero(a)?

¿Se puede establecer alguna relación entre las siguientes nacionalidades y atributos? Argumenta tu opinión ilustrándola con tus propias experiencias.

– Pues mira, yo creo que los ingleses no son tan flemáticos como dicen… Y te lo digo porque el verano pasado estuve en Inglaterra y conocí a algunos ingleses que…

ingleses	seductores
franceses	flemáticos
españoles	soberbios
brasileños	elegantes
japoneses	juerguistas
marroquíes	vagos
alemanes	individualistas
estadounidenses	tacaños
australianos	alegres
italianos	incultos
griegos	pedantes
argentinos	ordenados
noruegos	competitivos

UN PASO MÁS

FICHA TÉCNICA:
BELLE ÉPOQUE
Director: Fernando Trueba
Guión: Rafael Azcona
Fecha: 1992
Óscar a la Mejor Película Extranjera, 1992

1. *Belle Époque* nos sitúa en el invierno de 1931 y nos narra la historia de una familia liberal en una España republicana. Manolo es padre de cuatro hijas: Clara, Violeta, Rocío y Luz.

Ya se siente la primavera en el bonito paraje por donde pasean Clara y Fernando.

CLARA.- … Pero vamos a ver, **¿es que Rocío no tiene derecho a** casarse con quien **le dé la gana**?

FERNANDO.- ¡Pero si no lo quiere!

C.- **¡Ahí te equivocas!** Claro que lo quiere. A su manera, naturalmente, pero lo quiere. Además, ella no puede seguir así; no es el caso de Violeta.

F.- ¡Pues claro que no!

C.- No, no … Yo lo que quería decir es que Violeta… como es veterinaria y tiene ese puesto tan bueno en el Matadero,… pues eso, que no necesita a nadie. Pero Rocío, sin carrera, ¿qué quieres que haga? ¿Seguir de dependienta toda su vida?

F.- A mí me ha dicho que es mecanógrafa…

C.- Pobrecita… **Me echa una mano** en la tienda de antigüedades que me dejó mi marido… Porque mi marido… Pero… ¿Por qué me has traído aquí?

F.- ¿Yo?

C.- Perdona… Sé que no has sido tú… He sido yo… No. Tampoco yo … Han sido mis pies, mis propios pies… Ahí mismo se me ahogó el pobrecito….

F.- ¿Tu marido?

C.- El verano pasado… Habíamos venido a pasar el día de merienda … Higinio no quería, pero yo **me empeñé en** que se bañara después de comer… Y, claro, como **se había atracado de** paella, porque él era de mucho comer, se ve que le dio un corte de digestión y… Lo estoy viendo… Estaba ahí… y, de pronto, se hundió… y, nada, que no salía… ¡Y yo, mirando como una tonta y creyendo que buceaba! ¡Y me había dejado sola! ¡Sola para siempre!

RAFAEL AZCONA, *Belle Époque.*
Guión cinematográfico.

2. ¿Podrías explicar el significado de las expresiones que destacamos, de acuerdo con el contexto en que han aparecido?

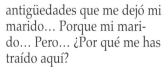

darle la gana a alguien

echar una mano

¡ahí te equivocas!

tener derecho a

atracarse de

empeñarse en

3. Vamos a fijarnos en algunos elementos conversacionales que contribuyen
a que contemos un suceso informal de manera efectiva.

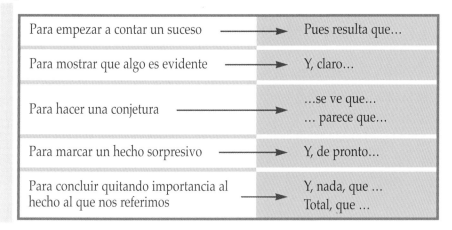

Para empezar a contar un suceso ⟶	Pues resulta que…
Para mostrar que algo es evidente ⟶	Y, claro…
Para hacer una conjetura ⟶	…se ve que… … parece que…
Para marcar un hecho sorpresivo ⟶	Y, de pronto…
Para concluir quitando importancia al hecho al que nos referimos ⟶	Y, nada, que … Total, que …

4. Aquí tienes los datos de dos sucesos. Crea la narración correspondiente utilizando
todos los elementos conversacionales que creas necesarios.

1. Accidente de esquí

- Descender por una pista roja.
- Escasa visibilidad.
- Empezar a nevar.
- Salirse de la pista.
- Caerse.
- Romperse un brazo
- Llegar el equipo de salvamento.

2. Aterrizaje forzoso

- Despegue sin problemas a la hora prevista.
- Empezar las turbulencias.
- Tormenta.
- Perder altura.
- Alarma general.
- Aterrizaje forzoso.
- Se desconocen las causas.

5. Lee el siguiente fragmento literario. ¿Podrías contarnos un suceso tan sorprendente como éste?
Inténtalo.

*Estaba, en fin, contemplando la realidad cotidiana con la extrañeza de lo nuevo, como cuando
entras en una casa desconocida en la que cada habitación constituye un sobresalto, cuando sucedió
algo sorprendente: el libro del profesor, que permanecía abierto mientras él hablaba, se agitó breve-
mente y luego se elevó en el aire, como un pájaro, utilizando sus hojas a modo de alas. Tras un par
de vueltas de reconocimiento alrededor de la clase, se dirigió a una ventana abierta y salió.*

J. JOSÉ MILLÁS (1998) *El orden alfabético.*

AHORA YA SABES

FUNCIONES

· Realizar comparaciones: igualdad, superioridad e inferioridad.
· Corroborar impresiones pasadas.
· Expresar decepción.
· Hacer cumplidos y reaccionar.
· Comparar el aspecto físico y el carácter de las personas.

GRAMÁTICA

· Estructuras comparativas

· ES TAN + ADJETIVO + COMO +VERBO
· NO ES TAN + ADJETIVO + COMO + VERBO
· ES IDÉNTICO A, SE PARECE A…
· NO MÁS DE/ NO MÁS QUE

UNIDAD 8

DEBERÍAS HABER...

PARECE QUE PEDRO TIENE PROBLEMAS CON SU MADRE...

△ ¿Pero es que siempre has de **estar mano sobre mano?** ¡Hay que ver! Te he dicho mil veces que estudies. Deberías haberte quedado en casa para preparar el examen. Estoy segura de que, si hubieras estudiado más, habrías aprobado, aunque hubiera sido por los pelos...

○ Pero...

△ **¡No hay peros que valgan!** Y además, yo sé que, cuando no estoy en casa, te pasas la tarde hablando por teléfono... ¿Crees que no me he dado cuenta? ¡Qué año me estás dando!

○ Es que ...

△ Mira, no empieces a inventar disculpas. Estoy muy enfadada, muy, pero que muy enfadada. Llevo meses diciéndote que debías estudiar todos los días en vez de salir por ahí **hasta las tantas**. Tu hermana... **¡Dónde va a parar!** Ella sabe cuándo debe salir y cuándo debe quedarse en casa estudiando. La verdad es que no acabo de comprender qué está pasando contigo... Antes solías ser más responsable...

1. ¿Cuál es el significado de las expresiones que hemos destacado? Relaciona los elementos de las dos columnas.

1. Estar mano sobre mano.	**A.** No hay punto de comparación.
2. ¡Hay que ver!	**B.** Hasta muy tarde.
3. ¡No hay peros que valgan!	**C.** ¡Es increíble!
4. Hasta las tantas.	**D.** Estar sin hacer nada.
5. ¡Dónde va a parar!	**E.** ¡No hay excusas!

2. Completa las siguientes situaciones dialogadas con alguna de las expresiones anteriores:

1. △ ¿Qué te pasa?

○ Nada, que estoy harta de que la niña .... todo el día ....

2. △ ¡...! Le dije que necesitaba los informes para hoy, pero como si nada...

○ A lo mejor te los ha dejado en conserjería... ¿Por qué no lo compruebas?

3. △ ¿Qué tal? ¿Cómo te va en el nuevo trabajo?

○ Bien, pero hay días en que tenemos tanto que hacer, que tengo que quedarme ....

4. △ ¿Te gusta más éste?

○ ¡Hombre, ..., éste es mucho mejor!

3. A continuación vas a leer un fragmento de la novela de J. A. Mañas, *Historias del Kronen* (1994), en el que se refleja la manera de ser y de pensar de un reducido grupo de jóvenes madrileños, universitarios y con un alto poder adquisitivo.

△ *Dime, Carlos. ¿No piensas hacer nada este verano?*

○ *Nada especial.*

△ *Si quieres, te podemos enviar a Francia, como a tu hermana. Así aprendes algo de francés, que te viene bien…*

○ *Le explico **al viejo** que no me interesan los idiomas. Además, es **una lata** viajar.*

△ *Es una lata viajar, es una lata viajar. ¿Qué no es una lata para ti?… Dímelo, Carlos, porque yo te juro que no sé qué hacer contigo. No te entiendo. ¿Por qué no aprovechas el verano para leer algo?, ¿o para hacer algo práctico? Vosotros, los jóvenes, lo tenéis todo. Deberíais haber vivido la posguerra y habríais visto lo que es bueno…*

○ *Ya estamos con el sermón de siempre. El viejo comienza a hablar de cómo ellos lo tuvieron todo mucho más difícil y de cómo han luchado para darnos todo lo que tenemos: la democracia, la libertad… **El rollo** sesentaiochista pseudoprogre de siempre. Son los viejos los que lo tienen todo: **las pelas** y el poder. Ni siquiera nos han dejado la rebeldía. Ya la agotaron toda los marxistas y los jipis de su época. Pienso en responderles que justamente lo que nos falta es algo por lo que o contra lo que luchar. Pero **paso de** discutir con él.*

△ *¿Pero cómo pretendes que te comprendamos si no nos dices nunca nada?*

○ *Yo no necesito comprensión -digo. Necesito tu dinero, eso es todo.*

> **GLOSARIO**
>
> 1. **El viejo (los viejos):** los padres y, en general, cualquier adulto.
> 2. **Ser una lata:** ser un problema, algo que no apetece.
> 3. **El rollo:** algo aburrido.
> 4. **Las pelas:** el dinero (las pesetas).
> 5. **Pasar de + INFINITIVO:** no estar interesado en algo.
>
> Estas palabras y expresiones forman parte de la lengua o *argot* de algunos sectores juveniles madrileños.

4. Vamos a fijarnos en algunas de las estructuras y expresiones que aparecen en el fragmento que acabas de leer.

1. *¿No piensas hacer nada este verano?*	**¿NO PIENSAS + INFINITIVO?**	*Preguntamos de manera sarcástica por los planes o intenciones de alguien.*
2. *Deberías haber vivido la posguerra.*	**DEBERÍAS HABER + PARTICIPIO.**	*Para dar un consejo de realización imposible en el pasado.*
3. *Ya estamos con el sermón de siempre.*	**YA ESTAMOS CON… DE SIEMPRE.**	*Para manifestar que estamos hartos de la insistencia de alguien sobre algo.*
4. *¿Pero cómo pretendes que te comprendamos si…?*	**¿PERO CÓMO PRETENDES QUE + SUBJUNTIVO, SI + INDICATIVO?**	*Para expresar que el deseo de alguien es de realización imposible debido a su actitud.*

GRAMÁTICA ¡VAMOS A REFLEXIONAR!

PARA EXPRESAR FASTIDIO POR LA ACTITUD O ACCIÓN DE OTRO

Utilizamos esta estructura para protestar, quejarnos o manifestar fastidio por la actitud o la acción de una persona con la que tenemos cierta confianza.

△ ¿*Pero es que siempre has de estar...*

mano sobre mano
durmiendo
viendo la televisión
pegado al ordenador

?

PARA EXPRESAR UN CONSEJO O ADVERTENCIA

△ **Deberías haberte quedado** *en casa para preparar el examen (ayer).*
○ *Pero si había estudiado un montón...*

DEBERÍAS | + INFINITIVO ⟶ POSIBLE (FUTURO)
| + HABER + PARTICIPIO ⟶ IMPOSIBLE (PASADO)

Utilizamos la estructura con **infinitivo** para expresar un consejo que se puede realizar en el futuro; sin embargo, la estructura con **haber + participio** expresa un consejo irrealizable porque se refiere al pasado.

PARA EXPRESAR RECHAZO ANTE UNA ACCIÓN QUE CONTINÚA

△ **Te pasas la tarde hablando** *por teléfono...*
○ *Estábamos hablando sobre el examen de mañana...*

PASARSE *la tarde, el día, toda la mañana, toda la noche* + GERUNDIO

Utilizamos esta estructura para manifestar nuestra queja o rechazo ante una acción que continúa y que desaprobamos.

PARA EXPRESAR EL COMIENZO DE UNA ACCIÓN

Podemos utilizar indistintamente estas dos estructuras, aunque la lengua hablada manifiesta cierta preferencia por *empezar a + infinitivo.*

△ *Pero...*
○ ¡No **empieces a inventar** *disculpas!*

EMPEZAR
COMENZAR | + A + INFINITIVO

PARA EXPRESAR EL TRANSCURSO DE UNA ACCIÓN QUE COMENZÓ EN EL PASADO

△ *¿Cuánto tiempo **llevas estudiando** español? = > ¿Cuánto tiempo **hace** que **estudias** español? = ¿**Desde** hace cuánto tiempo **estudias** español?*

○ *Tres años = Desde hace tres años.*

LLEVAR (X TIEMPO) + GERUNDIO

HACER (X TIEMPO) QUE + INDICATIVO

INDICATIVO + DESDE HACE (X TIEMPO)

> Estas tres estructuras son equivalentes y se pueden usar en los mismos contextos con idéntico significado.

PARA EXPRESAR LA IMPOSIBILIDAD (O DIFICULTAD) DE HACER ALGO

△ *¿Lo entiendes?*

○ *La verdad es que **no acabo de comprender**....*
   (Aunque lo intento o lo he intentado, no puedo comprender).

NO ACABAR DE
NO TERMINAR DE
NO LLEGAR A   + INFINITIVO
NO LOGRAR
NO CONSEGUIR

> Utilizamos cualquiera de estas estructuras para expresar la imposibilidad o dificultad de llevar a cabo una acción o proceso, a pesar de haberlo intentado durante algún tiempo.

PARA EXPRESAR UNA ACCIÓN HABITUAL, UNA COSTUMBRE

△ *Antes **solías ser** más responsable...*
   (Antes eras más responsable).

> Estas estructuras sólo pueden utilizarse en presente (***suelo + infinitivo***) y en pretérito imperfecto (***solía + infinitivo***).

SOLER + INFINITIVO

VAMOS A PRACTICAR

 1. Vamos a escuchar algunos consejos sobre cómo adelgazar de una forma progresiva, equilibrada y sana. Coméntalos con tu compañero(a).

2. ¿Cuál fue tu experiencia aprendiendo español? Lee la de Sandy y completa con los verbos del recuadro, conjugándolos en el tiempo y modo adecuados.

A. empezar a	(1)....................... estudiar español a los once años, cuando (estar, yo) .... en el colegio. En la época en que yo (estudiar) .... podíamos elegir entre español, francés y alemán; años más tarde (introducir, ellos) .... también el japonés y el ruso, lenguas que (estudiar, yo) .... si hubiera podido. (Elegir, yo) .... español porque, cuando (ser, yo) .... niña, me (cuidar) .... una cubana de cuerpo grande y voz muy suave; y alemán, porque mis antepasados (proceder) .... de esas tierras. Ahora pienso que (2)............................
B. llevar + gerundio	elegido español y francés, ya que son dos lenguas latinas y el estudio de ambas a la vez me (resultar) .... más sencillo.
C. soler + infinitivo	En el colegio, nuestra profesora, la señorita Dora, nos (obligar) .... a memorizar largas listas de vocabulario y nos exigía que (saber) .... conjugar los verbos irregulares -que son muchos- sin error; también (3) .... traducir textos que para mí -una jovencita de pocos años- (carecer) .... de interés y, para ello, la señorita Dora nos (pedir) .... que (usar, nosotros) .... un enorme diccionario.
D. no acabar de + infinitivo	Cuando (entrar) .... en la universidad, apenas (poder) .... contestar a preguntas sencillas, pero (saber) .... de memoria la gramática y el diccionario. Ahora (tener) .... veintitrés años, así que (4).................... doce largos años estudiando español, durante los cuales (5)............................ la mayor parte del tiempo consultando este enorme diccionario que tengo sobre mi mesa, y (6)................. con-
E. debería haber + participio	fesar que todavía (7)............................. entender la diferencia entre *pude* y *podía*, aunque no creo que (tener) .... demasiada impor-
F. pasarse + gerundio	tancia, si tenemos en cuenta que (tardar, yo) .... varios años en responder con naturalidad a una pregunta tan sencilla como *¿tiene hora, por favor?* Sandy.
G. deber + infinitivo	

3. Tu compañero(a) tiene algunos problemas, trata de ayudarle utilizando las estructuras que aparecen en el modelo.

△ *Últimamente no consigo dormir nada …*
○ *Pues **deberías ir** al médico, ¿no crees?*

△ *Este verano he engordado muchísimo…*
○ *Hombre, **deberías haber hecho** algo de ejercicio…*
   *Si **hubieras comido** menos…*

1. Estoy un poco preocupada porque hace semanas que no sé nada de Cristina.
2. El sábado tengo el último examen, pero es que no me apetece estudiar nada, pero nada, ¿eh?
3. Esta mañana me han puesto una multa por aparcar en doble fila… Sólo fueron unos minutos… En serio.
4. Tengo la casa totalmente desordenada; vamos, un verdadero desastre.

4. Te llevas realmente bien con tu compañero(a) de habitación, pero hay algunas de sus costumbres que no puedes soportar. Utiliza una pregunta retórica como en el modelo.

△ *¿**Pero es que siempre has de dejar** la ropa sucia tirada por la habitación?*
   ¿Es que no hay un sitio mejor donde dejarla?
○ *¡Qué pesada eres!*

1. En cuanto se levanta, pone la televisión mientras tú intentas seguir durmiendo.
2. Nunca friega los platos después de comer.
3. Invita a sus amigos sin avisarte antes.
4. Recoge tus mensajes telefónicos pero siempre olvida decirte que te han llamado.

5. *Antes y ahora,* indudablemente las cosas han cambiado desde que has empezado a trabajar.

△ *¿Qué pasa contigo, hombre? **Antes solías salir** todas las noches de juerga …*
○ *Es que, **desde que he empezado a trabajar** en esta empresa, tengo que madrugar.*

ANTES	AHORA
1. Ir los sábados a andar por la montaña.	**1.** Pasarse los sábados trabajando.
2. Estar de buen humor.	**2.** Tener muchos motivos para estar de mal humor.
3. Organizar fiestas en casa.	**3.** Estar siempre cansado.
4. Explorar cada verano un país diferente.	**4.** No tener tiempo para ir de vacaciones.
5. Vestir de manera informal.	**5.** Vestir de manera formal y sofisticada.
6. Tener tiempo para los amigos.	**6.** Estar siempre ocupado.

6. Tu compañero(a) lo ha intentado…, pero le resulta imposible. Escúchalo(la) y dale un consejo.

△ *Llevo meses estudiando el subjuntivo. Hago todos los ejercicios que me indican, pero es que* **no consigo entenderlo** *del todo.*

○ *¡No desesperes! Es cuestión de práctica… La verdad es que a todo el mundo le pasa lo mismo.*

1. Hace años que juegas al golf, pero nunca has podido ganar un torneo.

2. Has estado llamando a Luis durante toda la mañana y todavía no has podido hablar con él.

3. Hace semanas que quieres cenar en ese nuevo restaurante que han abierto cerca de tu casa, pero nunca hay mesas libres.

4. Hace días que estás redactando un aburridísimo informe que no eres capaz de terminar.

5. Desde hace semanas quieres celebrar tu cumpleaños, pero estás tan ocupado(a) que no encuentras un día apropiado.

7. La actitud de tu compañero(a) te parece negativa y perjudicial y, además, está acabando con tu paciencia. Díselo utilizando las estructuras que aparecen en el modelo.

△ *¿**Es que no piensas** ir a clase en toda la semana? ¿**Cómo pretendes** aprobar si no vas a clase? ¿**No te das cuenta de que** el único perjudicado eres tú mismo? Porque a mí me da igual lo que hagas…*

○ *Ya… Ya lo sé, pero déjame en paz.*

1. Hace seis meses que dejaste de salir con tu novia de toda la vida y no tienes intención de salir con ninguna otra chica en el futuro. Aun así, quieres ser feliz.

2. Llevas meses buscando trabajo y estás realmente desmotivada, por lo que has descuidado tu aspecto físico últimamente; sin embargo, es prioritario que encuentres un trabajo.

3. Hace dos semanas tuviste una discusión con tu pareja y te niegas a pedirle disculpas, pero sabes que no puedes vivir sin ella.

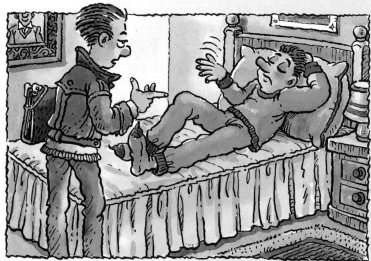

4. Quieres conseguir una beca para estudiar el próximo año en los Estados Unidos, pero no soportas la burocracia y todavía no has enviado todos los documentos para cursar la solicitud.

SE DICE ASÍ Y ASÍ SE ESCRIBE

1. Lee el siguiente texto de Amando de Miguel sobre los jóvenes en la sociedad española actual y complétalo con las expresiones que aparecen en el recuadro.

seguramente	en mi opinión	
además	desde el punto de vista de	a mi modo de ver
incluso	por ello	

Algunos interrogantes sobre los jóvenes

(1)........................ una de las cuestiones sociológicas más intrigantes para los estudiosos del tema es que padres e hijos viven juntos y, (2).................... , en muchos casos afirman que no se llevan mal. Resulta intrigante porque, (3)................................. la evolución del ser humano y de la distancia generacional, no resulta lógico que los jóvenes de entre 18 y 29 años puedan convivir con sus padres e, (4)............................... , entenderse.

(5)........................... , deberíamos buscar una respuesta para la tardía emancipación de los jóvenes actuales. (6).......................... no es razón de peso decir que son muchos los problemas para encontrar vivienda o para ganar dinero; (7)................................. esas dificultades fueron mayores en otras épocas, la diferencia es que hoy las exigencias de bienestar son mayores.

(Adaptado de AMANDO DE MIGUEL,
Las incertidumbres de los jóvenes.
Gaceta Complutense, 14-2-98.

2. ¿Cuáles de los siguientes adjetivos utilizarías para calificar, de manera general, a los jóvenes de tu país? Relaciona los elementos de las dos columnas para averiguar su significado.

CREATIVOS	Tienen planteamientos prácticos.
SOLIDARIOS	Muestran excesivo aprecio por los bienes materiales.
ALTRUISTAS	Están comprometidos con su religión.
POLITIZADOS	Dan mucha importancia a su aspecto físico.
PRAGMÁTICOS	Poseen capacidad de creación y aportan nuevas ideas.
TOLERANTES	No son capaces de respetar las opiniones o actitudes ajenas.
MATERIALISTAS	Se interesan por los problemas políticos.
INTRANSIGENTES	Prestan apoyo en situaciones difíciles y en problemas de otros.
RELIGIOSOS	Conocen muy bien su profesión.
PRESUMIDOS	Respetan las actitudes u opiniones ajenas.
CÓMODOS	Piensan y actúan sin tener en cuenta a los demás.
PREPARADOS	Actúan movidos por el deseo de procurar el bien de los demás.
COMPETITIVOS	Manifiestan un comportamiento despreocupado e inconstante.
INDIVIDUALISTAS	Sólo tienen en cuenta las apariencias.
FRÍVOLOS	Siempre aspiran a ser los mejores en todo.
SUPERFICIALES	Buscan siempre el camino más fácil.

UN PASO MÁS

FICHA TÉCNICA:
LA BUENA VIDA
Director: David Trueba
Guión: David Trueba
Fecha: 1996

1. Vamos a leer un fragmento del guión cinematográfico de la película *La buena vida*.

Escuchamos la voz en off de Tristán… Tristán Romeo tiene catorce años y una mirada magnética. Muy delgado. Pelo rebelde. Está sentado en cualquier vulgar salón de clase media española. La madre riega junto a la ventana sus espléndidos tulipanes. A simple vista se diría que son de plástico. A través de la ventana de una casa humilde se ve la Torre Eiffel.

Mi madre siempre soñaba con ir a París… Puede que por eso, cuando estaba dentro de ella, me imaginara lo que me encontraría al salir. Viviría en Francia en el Siglo de las Luces…
Mi madre tendría las flores más bonitas de París y mi padre sería Voltaire. Hablaríamos de cosas interesantes en lugar de ver los concursos de la tele y mi padre siempre tendría un buen consejo para mí… Supongo que me retrasé doscientos años o que alguien con influencias se me adelantó…

El padre de Tristán ve el partido de fútbol en la tele.

P.- ¡Patadón y a correr! ¡No os compliquéis la vida, coño!

En el rostro de Tristán hay resentimiento. El salón familiar aparece inundado por la voz del locutor. Ahora la ventana sólo da a una calle triste de Madrid.

Mientras yo me decidía a salir, mi madre solía sentarse a descansar. Escuchaba siempre la misma canción francesa, porque en su luna de miel había estado a punto de ir a París, pero el viaje se canceló… Me sabía aquella canción de memoria mucho antes de nacer… Mi madre se empeñó en llevarme a un colegio francés. Supongo que ella también había imaginado una vida para mí.

Está casi amaneciendo. Aparecen los padres de Tristán -algo más jóvenes- en el interior de un Diane 6. Escuchan la radio, que anuncia la muerte de Franco. Pese al tono funerario y trágico… el padre descorcha una botella de champagne y llena dos vasos de plástico.

M.- ¡Ay, **a ver si** va a aparecer un guardia…!

8

P.- A la mierda la policía. Libres, somos libres. Este país…

M.- **Ojalá** te preocuparas menos de este país y más de mí, que no me tienes tan lejos.

P.- Te quiero. ¿No lo ves? Mañana mismo nos vamos a Madrid. Vamos a empezar una nueva vida.

T.- Mamá…Papá, por favor, no lo hagas. Ya sé que has bebido un poco y estás salido, pero luego te vas a arrepentir.

P.- **Tengo todo el derecho a** hacer el amor con tu madre. ¡Estamos casados!

T.- Sí, pero no voy a ser el hijo que tú esperas. Ni siquiera me va a gustar el fútbol. (…) Tú siempre se lo dices a mamá: todavía no estáis preparados para tener un hijo.

P.- Eso lo decidiremos tu madre y yo.

T.- ¿Y yo? ¿**No tengo nada que decir sobre** mi nacimiento? Quiero elegir a mis padres, el sitio, tengo otros planes…

DAVID TRUEBA, *La buena vida.*

2. Ahora vamos a fijarnos en algunas expresiones y estructuras que han aparecido en el fragmento que acabas de leer.

1. *¡Ay, a ver si aparece un guardia!*	**¡AY, A VER SI + INDICATIVO!**	*Para expresar preocupación por algo negativo que puede ocurrir en el futuro.*
2. *Ojalá te preocuparas menos de este país…*	**OJALÁ + SUBJUNTIVO**	*Para manifestar un deseo de realización poco probable.*
3. *Tengo todo el derecho a hacer el amor con tu madre.*	**TENGO TODO EL DERECHO DEL MUNDO A…**	*Para reivindicar un derecho que no se nos da.*
4. *¿No tengo nada que decir sobre mi nacimiento?*	**¿ES QUE NO TENGO NADA QUE DECIR SOBRE…?**	*Para exigir el derecho a manifestar nuestra opinión.*

AHORA YA SABES

FUNCIONES

· Expresar consejos y sugerencias irrealizables.
· Expresar consejos realizables.
· Expresar fastidio ante la actitud o acción de otro.
· Expresar rechazo ante una acción que continúa.
· Expresar el comienzo neutro de una acción.
· Expresar el transcurso de una acción que comenzó en el pasado.
· Expresar una acción habitual en el presente o en el pasado.

GRAMÁTICA

· DEBERÍAS/PODRÍAS + HABER + PARTICIPIO.
· DEBERÍAS/ PODRÍAS + INFINITIVO.
· ¿PERO ES QUE SIEMPRE HAS DE + INFINITIVO…?
· PASARSE LA TARDE/ EL DÍA + GERUNDIO.
· EMPEZAR/ COMENZAR + A + INFINITIVO.
· LLEVAR + GERUNDIO.
· HACE TIEMPO QUE + INDICATIVO.
· SOLER + INFINITIVO.

UNIDAD 9

PUES A PILAR ÚLTIMAMENTE LE HA DADO POR...

PRETEXTO

△ **¿Sabes algo de** Pilar?

○ Pues, sí, precisamente ayer hablé con ella …

△ **¿Y qué cuenta?**

○ Me dijo que **anda muy liada** con el trabajo, que ha dejado de salir con Michael y que ahora va a clases de bailes de salón…

△ ¿Que **ha cortado con** Michael? ¿En serio? Pero si llevaban tres años juntos..

○ Es que últimamente **no les iba muy bien…**

△ ¿Y cómo es que le ha dado por aprender bailes de salón?

○ Ya ves…Dice que está muy estresada y que necesitaba hacer algo completamente diferente, vio un anuncio y **se apuntó**…

△ Está loca… Si quería hacer algo diferente podía haberse matriculado en un curso de inglés o en un gimnasio…, no sé …, algo más normal, pero

bailes de salón…, es increíble…

○ No te sorprendas, el año pasado le dio por matricularse en un curso intensivo de yoga, aunque **a las tres semanas** lo dejó…

△ ¡No me digas que has empezado a jugar al golf!

○ Pues, sí… Es que el squash últimamente me agotaba, **mira que** me gusta, pero es que salía de la pista como si fuera a darme un ataque al corazón…

△ Eso es la edad…

○ No lo dudes…

△ ¿Y por qué no pruebas con el pádel? Yo juego desde hace un par de años y me va fenomenal: es un deporte muy sencillo y, además, **está de moda**.

○ Había pensado en ello, pero es que no hay ninguna pista cerca de casa, y salgo de trabajar tan tarde, que no me queda mucho tiempo, **no creas**.

1. Relaciona los elementos de las dos columnas para averiguar el significado de las expresiones que hemos destacado en los diálogos.

1. ¿Sabes algo de…?	A. Ha dejado de salir con…
2. ¿Y qué cuenta?	B. Después de tres semanas
3. Anda muy liada.	C. Expresión que sirve para intensificar la acción (*me gusta muchísimo*).
4. Se apuntó (apuntarse a)	D. Te lo aseguro.
5. Ha cortado con…(cortar con)	E. Está de actualidad, de acuerdo con los usos y costumbres actuales.
6. No les iba muy bien…	F. Su relación tenía problemas.
7. A las tres semanas	G. Está muy ocupada (últimamente).
8. …, no creas.	H. ¿Tienes alguna noticia/información de…?
9. Está de moda.	I. ¿Qué dice (de su vida)?
10. Mira que (me gusta)…	J. Se matriculó (matricularse)

2. Completa los siguientes diálogos con alguna de las expresiones del recuadro anterior.

1. △ Esta mañana **me he quedado de piedra…**

   ○ ¿Y eso?

   △ Pues, nada, de camino a casa me he encontrado con Luis y, **ya sabes… lo típico**, le he preguntado que qué tal le iba y me ha dicho **que vaya**, que .... con Gema y que ahora vive en un apartamento cerca de la Plaza de España.

   ○ ¡Qué raro! .... se llevaban bien…, todo el mundo decía que eran la pareja perfecta.

2. △ ¿Que .... a un curso de sevillanas? **¿Y cómo es que te ha dado por ahí?**

   ○ Ya ves… Es que ahora salgo con un chico de Sevilla y cada vez que hay una fiesta o que celebramos algo, todos sus amigos se ponen a bailar y yo me tengo que quedar sentada como una tonta.

3. △ Anoche me encontré con Rosana en el nuevo restaurante griego que han abierto en la Gran Vía…

   ○ ¿...?

   △ Que .... últimamente, es que tiene mucho trabajo y, además, su madre no está muy bien, ...

   ○ Si hablas con ella o la ves, dale recuerdos de mi parte, ¿vale?

> **1. Me he quedado de piedra:** (quedarse de piedra) me he sorprendido mucho.
>
> **2. Ya sabes… lo típico:** como puedes imaginar y es normal en estas situaciones, hablamos de cosas sin trascendencia.
>
> **3. Que vaya:** que ni bien ni mal, que así, así.. (el verbo se encuentra gramaticalizado).
>
> **4. ¿Y cómo es que te ha dado por ahí?:** pregunta que manifiesta incredulidad y busca un motivo para una acción que se considera injustificada.

> **Me** tengo que quedar = tengo que quedar**me**
> Podía haber**se** matriculado = **se** podía haber matriculado
> Como si fuera a dar**me** = como si **me** fuera a dar

3. Lee el siguiente fragmento literario de la novela *Atlas de geografía humana*, de Almudena Grandes:

Cuando era pequeña coleccionaba sellos. (…) A los veinticinco, más o menos, y estimulada por el ejemplo materno, empecé a hacerme mi propia ropa. Al principio fue muy divertido: primero comprar las revistas y estudiarlas para escoger con cuidado los modelos más favorecedores, después elegir la tela, luego calcar el patrón, recortarlo, coserlo, y atreverse por fin a meter las tijeras en ese bulto informe del que acabaría saliendo un vestido de verdad al cabo de tantas horas. Nunca fui tan bien vestida y nunca he vuelto a gastar tan poco dinero en mí misma, pero una tarde, cuando llevaba una americana por la mitad, la miré con extrañeza, como si se hubiera convertido en una especie de amenaza, y decidí no terminarla. En ese preciso momento terminó la aventura de la ropa. Su sucesor, el aeróbic, demostró desde el primer momento una ventaja y muchos inconvenientes. (…) El gimnasio me salía muy caro, el único horario compatible con mi jornada laboral era prácticamente nocturno y, además, aquellas extenuantes sesiones no me ayudaban a sobrellevar los fines de semana, esa periódica condena al tiempo libre que cada vez se parecía más a un verdadero cautiverio.

A. GRANDES, Atlas de geografía humana.

4. ¿Cuáles son tus aficiones o las actividades que realizas en tu tiempo libre? ¿Son las mismas que en el pasado? ¿Te ha dado por hacer algo raro a lo largo de tu vida? Coméntalo con tus compañeros.

> **Dársele bien/mal algo a alguien:** tener o no aptitudes para algo.
> **Hecho un lío:** confundido.

GRAMÁTICA ¡VAMOS A REFLEXIONAR!

EXPRESAR EL COMIENZO NEUTRO DE UNA ACCIÓN

EMPEZAR A + INFINITIVO

△ Te noto diferente... ¿Te has hecho algo en el pelo?

○ Sí, **he empezado a teñírmelo** y, la verdad, me veo mucho mejor, ¿no crees?

△ Sí, te queda muy bien, pareces más joven.

EXPRESAR LA SUSTITUCIÓN DE UNA ACTIVIDAD POR OTRA

PONERSE A + INFINITIVO

△ ¿Es que no piensas dejar de ver la televisión y **ponerte a estudiar** de una vez?

○ En cuanto termine la película...

EXPRESAR EL INICIO NO JUSTIFICADO DE UNA ACTIVIDAD NUEVA

DARLE A UNO POR + INFINITIVO

△ ¿Qué haces tú con esos palos de golf?

○ Ya ves... Que ahora **me ha dado por aprender** a jugar al golf.

△ Pero... ¿tú no te habías apuntado a un curso de tiro con arco?

○ Sí, pero a las tres semanas lo dejé, me aburría muchísimo.

EXPRESAR LA REPETICIÓN DE UNA ACCIÓN O EL NUEVO INICIO DE UNA ACTIVIDAD QUE ERA HABITUAL EN EL PASADO

VOLVER A + INFINITIVO

△ ¡No me digas que **vuelves a esquiar**!

○ Sólo lo dejé por lo de la rodilla, pero es el deporte que más me gusta y el médico me ha dicho que estoy totalmente recuperada.

EXPRESAR EL TÉRMINO DE UNA ACTIVIDAD QUE HA SIDO HABITUAL DURANTE UN PERÍODO DE TIEMPO

DEJAR DE + INFINITIVO

△ Natalia y yo **hemos dejado de salir**...

○ ¿Y eso?

△ Últimamente las cosas no nos iban muy bien..., no hacíamos más que discutir.

EXPRESAR LA MANERA EN QUE ALGO HA TERMINADO
(Y QUE ESA MANERA ES CONSECUENCIA DE ALGO)

△ *No sabía que ese capítulo te hubiera dado tantos problemas…*

○ *La verdad es que estas semanas han sido las peores de mi vida.*

△ *¿Y cómo lo has resuelto?*

○ *De ninguna manera, porque **terminé suprimiéndolo**.*

ACABAR + GERUNDIO **TERMINAR + GERUNDIO** **TERMINAR / ACABAR POR + INFINITIVO**	**= FINALMENTE + VERBO CONJUGADO**

En la forma negativa sólo se utiliza *terminar/acabar por no + infinitivo*:

△ *La verdad es que siempre pensé que **acabarías por no aceptar** la invitación.*

○ *Pues yo no lo tenía tan claro, me costó un montón decidirlo.*

EXPRESAR EL CARÁCTER DURATIVO DE UNA ACCIÓN

QUEDARSE + GERUNDIO

△ *¿Saliste el sábado?*

○ *¡Qué va! **Me quedé estudiando** toda la tarde, es que tengo los exámenes parciales la próxima semana.*

EXPRESAR QUE UNA ACCIÓN SE DESARROLLA DE FORMA GRADUAL
(POCO A POCO, LENTAMENTE)

IR + GERUNDIO

△ *¿Qué tal tu nuevo trabajo?*

○ ***Voy acostumbrándome**, pero no creas que es fácil… Me he pasado veinte años trabajando de cara al público y, ahora, estar todo el día en un despacho se me hace duro.*

EXPRESAR QUE UNA ACCIÓN SE LLEVA A CABO DE FORMA
POCO ORGANIZADA O IRREFLEXIVA

ANDAR + GERUNDIO

△ *¿Y tu hija? Hace mucho que no la veo…*

○ ***Anda viajando** por Sudamérica… Se marchó hace dos meses, pero si quieres que te diga la verdad no sé muy bien dónde estará ahora…*

VAMOS A PRACTICAR

1. Escucha la conversación y dinos qué hace María en su tiempo libre.

2. Completa los siguientes diálogos conjugando el verbo en el tiempo y modo adecuados.

1. △ No puedo creer que a Jesús le (dar) .... por hacer vela los fines de semana... Si no le gusta ningún deporte...
   ○ Ya..., pero dice que la vela exige una concentración que le hace olvidar sus problemas.

2. △ ¿(Seguir, tú) .... sin saber nada de Cristina?
   ○ Sí, hace, por lo menos, dos meses que no me llama... Desde que (empezar, ella) .... a salir con ese chico francés que conoció en París...

3. △ ¿Es que no piensas (poner) .... te a estudiar? ¡(Llevar) .... toda la tarde hablando por teléfono! Como se entere tu padre...
   ○ Ya voy...

4. △ ¿Sabes algo de la entrevista de trabajo del otro día?
   ○ Precisamente (acabar) .... de llamarme el jefe de personal para comunicarme que he sido admitido y que el curso de preparación comienza dentro de una semana.
   △ ¡Genial! ¡Enhorabuena!
   ○ Gracias.

5. △ ¿Un cigarrillo?
   ○ No gracias. (Dejar, yo) .... de fumar hace ya tres meses.
   △ ¡No sabes cómo te envidio! Yo debería hacer lo mismo.

6. △ ¿Qué has hecho este fin de semana?
   ○ No mucho, el sábado (quedarse) .... viendo la televisión y el domingo fui a comer a casa de mis padres.
   △ Pues a mí me (dar) .... por limpiar la casa de arriba abajo.

7. △ Mira, lo que no (acabar, yo) .... de entender es que no le pida el divorcio, (llevar, ellos) .... años discutiendo...
   ○ ¡Porque cada uno es como es!

8. △ ¿Qué tal los pantalones que te estabas haciendo?
   ○ Pues (terminar, yo) .... dándoselos a la modista de mi madre para que los acabara, porque me estaban quedando fatal... La verdad es que nunca se me ha dado muy bien lo de coser.
   △ A mí tampoco, pero mira que me gustaría saber coser.

9. △ ¡(Quedarse, tú) .... mirando a ese tipo como si te hubieran hipnotizado!
   ○ Es que me ha dado la impresión de que lo conozco, no sé, su cara me resulta muy familiar...

10. △ ¿Qué tal con el nuevo director?
    ○ Bueno, (ir, yo) .... entendiendo su manera de trabajar, pero no creas, que no es fácil...

3. Completa el siguiente diálogo entre Marisa, Raquel y Ana, con alguno de los verbos que aparecen en el recuadro.

△ ¿Cuánto tiempo (1) .... (salir) con Andrés?

○ Casi seis meses, pero parece que hace años... Estamos tan compenetrados que da la impresión de que nos conocemos desde siempre.

□ ¿Y cómo os conocisteis? ¿Os presentó alguien?

○ **¡Qué va!** En abril del año pasado tuve que ir a Río de Janeiro para asistir a un Congreso de Medicina Preventiva y, bueno, cuando llegué al hotel, él estaba en la recepción y (2) .... (mirar)le, la verdad es que no pude apartar mis ojos de los suyos, así es que (3) .... a hablar y (4) .... (hablar) casi toda la noche.

△ **¿Así?** ¿Sin que nadie os presentara?

○ Pues, sí... así. ¡No sé por qué te sorprende!

□ Bueno... Sigue... ¿Y qué pasó después?

○ Pues, nada, que quedamos en vernos al día siguiente, cuando yo saliera del Congreso...

△ ¿Cenasteis juntos?

○ Sí y no, porque (5) .... por invitarme a sobrevolar la ciudad en helicóptero.

□ ¿En serio? **¡Qué pasada!** ¿No?

○ Sí, fue increíble. Después (6) .... dando un paseo por la playa y casi a medianoche nos dimos cuenta de que no habíamos cenado, así es que (7) .... a buscar un restaurante, pero estaban todos cerrados, y decidimos volver al hotel.

△ ¡Y desde ese día no os habéis separado!

○ ¡Efectivamente!

□ ¡Qué romántico! ¡Ojalá me ocurriera algún día algo así!

△ ¡No desesperes!

¡Qué va!: en absoluto (es una negación enfática).

¡Qué pasada!: ¡increíble! (es una exclamación más frecuente en ambientes juveniles).

¿Así?: ¿de esa manera? (en la pregunta hay un matiz de desaprobación).

quedarse (+ gerundio)

darle (+por + infinitivo)

llevar (+ gerundio)

empezar (+ a + infinitivo)

estar (+ gerundio)

ponerse (+ a + infinitivo)

4. Relaciona los elementos de las dos columnas y pregunta a tu compañero(a) si se ha encontrado alguna vez en esas situaciones.

△ ¿*Te ha dado alguna vez por* aprender a bailar el vals, el twist o algo así?
○ *Hace cuatro o cinco años mi mejor amiga y yo empezamos a ir a clases de baile, pero después de dos meses lo dejamos.*

1. ¿Te ha dado alguna vez por…

2. ¿Te has matriculado alguna vez…

3. ¿Te has apuntado alguna vez…

4. ¿Has ido alguna vez a clases…

5. ¿Te has puesto alguna vez…

A. de natación?
B. en un curso de música?
C. salir con dos chicas a la vez?
D. a ahorrar en serio?
E. de guitarra (violín, piano, flauta…)?
F. aprender a bailar el vals, el twist, o algo así?
G. a un curso de manualidades?
H. en un curso de idiomas?
I. a un curso de yoga?
J. a adelgazar en serio?

5. Lee la siguiente carta que nos ha enviado Vidal desde Polonia, donde trabaja desde hace algunos meses como asesor lingüístico de español y averigua el significado de las expresiones que aparecen en negrita.

*Querida Isabel, no puedes imaginar cuánto me acuerdo de España y de todos vosotros. Los primeros días fueron muy duros, pero poco a poco voy acostumbrándome a este país que, **por cierto**, tiene una gran belleza. Hace una semana me apunté a un curso intensivo de polaco, porque, la verdad, con lo poco que sabía cuando llegué, **no entendía ni jota**. Ahora entiendo mejor a nuestros alumnos porque aprender polaco **no es coser y cantar**, ni mucho menos. Aquí la gente tiene un gran interés por la lengua y cultura españolas y los profesores son excelentes, están muy bien preparados pero, a veces, les faltan libros, material complementario **y todo eso**. No vas a creértelo, pero me ha dado por acostarme a las diez todos los días, y ya sabes que en España no me acostaba antes de las doce. Espero veros pronto, ¿por qué no venís a visitarme cuando empiece el buen tiempo? **Dadme un toque** cuando queráis. Será un placer teneros en mi casa y enseñaros este precioso país. **A ver si dais señales de vida**… Besos,*

Vidal.

1. **no entendía ni jota**
   a. No entendía nada.
   b. Tenía dificultades para entender.

2. **y todo eso**
   a. Y otras cosas similares relacionadas con esto.
   b. Y lo que tú imagines.

3. **por cierto**
   a. Por supuesto.
   b. A propósito

4. **a ver si dais señales de vida…**
   a. Espero que me mandéis una señal.
   b. Espero noticias vuestras.

5. **dadme un toque**
   a. Escribidme.
   b. Llamadme.

6. **no es coser y cantar**
   a. No es fácil.
   b. No es algo posible.

SE DICE ASÍ Y ASÍ SE ESCRIBE

1. Lee el siguiente texto de Antonio Muñoz Molina, en el que el autor hace una reflexión en torno a la falta de educación del ser humano.

EL RUGIDO SIN NOMBRE

Hay hermosas palabras que en su misma sonoridad ya expresan su sentido. Yo me acuerdo de haber leído hace muchos años la palabra barritar, me parece que en una aventura africana del capitán Trueno, y nada más leerla, aunque en la viñeta del tebeo no se hubiera visto un elefante, ya parecía que escuchaba uno esa bocina tremenda en medio de la selva, y que compartía la sorpresa y la alarma de aquellos queridos personajes: ¡El barritar de un elefante!, leía uno, también alarmado por los signos de admiración, embebido, perdido en aquellas selvas y aventuras de los tebeos, que fueron la gustosa anticipación del hábito de los libros.

Con cada cosa que aprendemos a nombrar se nos ensancha el mundo. Igual que el oído debería distinguir las voces de los animales, también es necesario saber nombrarlas. Uno sabe que los perros ladran, que los gatos maúllan, que aúllan lo lobos, que balan las ovejas y las cabras, que los caballos relinchan y los burros rebuznan, que los cuervos graznan. Que los elefantes barritan es un hecho que yo probablemente habría tardado más en aprender si no hubiera leído de niño al Capitán Trueno.

(…) Pero lo que me haría falta saber es otro nombre y otro verbo, que no creo que vengan ni en los diccionarios de letra más diminuta ni en las más desaforadas enciclopedias. Me refiero a la voz del animal más agresivo que conozco (…) No necesito viajar a ninguna latitud exótica para escucharla; tampoco conozco un refugio donde esté libre de oírla. Me refiero a ese vagido, a ese barritar o rugido o ladrido que emite el antropoide humano apostado detrás del volante de un coche, y producido sin el menor esfuerzo de los pulmones ni de las cuerdas vocales, tan solo con la simple y al parecer irresistiblemente gozosa presión de la mano.

(…) Yo pensaba que ese rugido o bramido para el que no tengo nombre era incompatible con el lenguaje humano, hasta que un día, con los nervios de punta, me asomé al balcón y le pedí al antropoide de turno que hiciera el favor de callarse. Se me quedó mirando desde abajo, en actitud de ataque, y me gritó con palabras del todo ininteligibles: "¡Cállate imbécil, que parece mentira que seas académico!"

ANTONIO MUÑOZ MOLINA, El País Dominical, 9-8-98.

2. Relaciona los elementos de las dos columnas y aprenderás el verbo que expresa el sonido que emite cada uno de estos animales. Después tapa una de las columnas y pregunta a tu compañero(a).

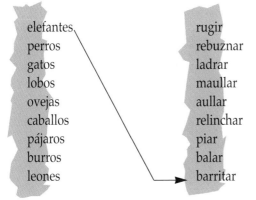

elefantes	rugir
perros	rebuznar
gatos	ladrar
lobos	maullar
ovejas	aullar
caballos	relinchar
pájaros	piar
burros	balar
leones	barritar

UN PASO MÁS

FICHA TÉCNICA:
Los peores años de nuestra vida
Director: Fernando Trueba
Guión: David Trueba
Fecha: 1997

1. Vamos a leer un fragmento de la película *Los peores años de nuestra vida*.

En esta película se muestra la vida de una típica familia española de clase media.

Alberto lleva una vida tranquila. En casa todo marcha sobre ruedas: su madre está obsesionada con que coma bien, su padre cría gallinas en la cocina y su hermano, Roberto, es demasiado guapo y ligón para parecer su hermano. La única desgracia de Alberto es haberse enamorado de María, porque, claro, María no se ha enamorado de él.

ALBERTO: Me gustaría poder borrar de la historia de mi vida la primera vez que me enamoré, porque ahí se jodió todo. Si me paro a pensarlo, la infelicidad llegó cuando apareció María. (…) Si pudiera borrar ese momento, quizá hoy sería feliz.

Los dos hermanos se dirigen a casa transportando un árbol de Navidad. En ese momento aparece María.

ALBERTO.- ¡**Joder**, cómo pincha!

ROBERTO.- ¡Calla, y agarra, **coño**!

MARÍA.- ¿Necesitáis ayuda?…
Que si queréis que os ayude.

A.- No, no, gracias.

R.- Sí, coge de aquí, por favor.

M.- Bueno, pues os ayudaré sólo con una mano. ¡**Uy, vaya**, os debe de encantar la Navidad!

A.- **¡Para nada!** Es una festividad que nadie debería celebrar, es como celebrar los cumpleaños o la menopausia.

R.- ¡**Anda**, cállate y vamos para arriba!

M.- Pues a mí me gusta la Navidad…

A.- Hombre, y a mí, claro que me gusta.

M.- Acabas de decir que la odiabas…

A.- ¿He dicho yo eso? Bueno, lo que ocurre es que es un trauma de la infancia. Mi primera novia se fugó con el paje del rey Melchor y desde entonces he tenido mala suerte con las mujeres. (…) Sí, sí, ya sé que hablo demasiado, pero es que las personas que carecemos de atractivo, tenemos que buscarlo en medios distintos al visual.

M.- Tampoco **estás tan mal**…

A.- ¿De verdad? ¡Dios mío! Eres la primera mujer en veintidós años que me dice algo tan hermoso… ¿Te importa decirme tu nombre? Es para pedirte en mi carta a los Reyes Magos.

R.- Estudias con el profesor Tristán, ¿verdad?

A.- No te preocupes por éste, viene con el árbol.

M.- Sí, ¿lo conoces?

R.- No, pero te vi el otro día.

A.- ¡La viste el otro día y no me dijiste nada!

M.- Bueno, chicos, ha sido un placer… Por cierto, me llamo María.

Alberto se marcha una temporada a Francia. Se encuentra en la entrada de su casa despidiéndose de sus padres.

MADRE.- ¡Ten cuidado, y no hagas tonterías!

ALBERTO.- ¡Que no, mamá!

PADRE.- Bueno, por fin vas a aprender lo dura que es la vida…

M.- ¡Ay, hijo mío, a mí este viaje me parece una locura!

A.- Vamos, mamá, que voy a llegar tarde…

P.- **Esto…**, yo te llevaría, pero es que todavía no ha vuelto tu hermano con el coche…

A.- Despedidme de él… Papá… ¿puedo pedirte algo?

P.- Bueno, bueno… Toma, toma… *(Le pone en la mano unos billetes).*

A.- Gracias, papá, pero no es eso. Quiero que le des un beso a mamá, es que nunca os he visto besaros.

(Se produce una situación embarazosa entre el padre y la madre, acentuada por el sonrojo del padre).

P.- **Ejem**, bueno, anda, vete, vete, que vas a hacer que me sonroje…

(Alberto lo mira y sonríe con ternura).

El día 6 de enero se celebra en España la Fiesta de los Reyes Magos para conmemorar la adoración al niño Jesús. Es un día en el que los niños, especialmente, reciben regalos traídos por los Reyes Magos de Oriente (Melchor, Gaspar y Baltasar).

---

2. Une los elementos de las dos columnas para indicar la función que desempeñan las siguientes expresiones en el discurso oral:

1. **Joder**
2. **Coño**
3. **¡Para nada!**
4. **¡Anda!**
5. **Tampoco** (estás tan mal)
6. **¡Uy, vaya!**
7. **Esto…**
8. **Ejem…**

A. Para negar de forma enfática la afirmación o negación del interlocutor.

B. Para introducir una petición.

C. Para manifestar sorpresa.

D. Para ganar tiempo en una situación embarazosa.

E. Para introducir una excusa en una situación embarazosa.

F. Para manifestar enfado.

G. Para enfatizar una queja.

H. Para restar importancia a lo dicho por el interlocutor.

AHORA YA SABES

FUNCIONES

· Expresar el comienzo neutro de una acción.

· Expresar la sustitución de una actividad por otra.

· Expresar el inicio no justificado de una acción.

· Expresar reiteración de una acción.

· Expresar el el término de una actividad.

GRAMÁTICA

· EMPEZAR A + INIFINITIVO.

· PONERSE A + INFINITIVO.

· DARLE A UNO POR + INFINITIVO.

· VOLVER A + INFINITIVO.

· DEJAR DE + INFINITIVO.

1. Completa los diálogos con las siguientes expresiones coloquiales, locuciones y modismos:

A. ¡hay que ver!

B. mano sobre mano

C. a dedo

D. es una lata

E. lo que me dé la gana

F. hasta las tantas

G. echarme una manita

H. me importa un bledo

I. vas a quedarte en los huesos

J. sin un duro

K. a las tantas

L. ¡no hay peros que valgan!

1. △ Como sigas así, ...
   ○ En realidad como muchísimo, lo que pasa es que no engordo.

2. △ Chico, ¡qué mala cara tienes!
   ○ Es que salí con la gente de la oficina y volvimos ....

3. △ ¿Es que no piensas hacer nada durante las vacaciones?
   ○ Pues no, voy a hacer ....
   △ ¡...!

4. △ Así que vais a viajar por toda Europa este verano, ¿no?
   ○ Sí, vamos a recorrerla ....
   △ ¿Y no os parece un poco peligroso?

5. △ En lugar de estar toda la tarde .... , podrías
   .... ¿No ves que estoy a tope de trabajo?
   ○ ¡Vale, vale, que ya te he oído!

6. △ ¿Has oído lo que dicen por ahí de tu proyecto?
   ○ Si quieres que te diga la verdad, ... lo
   que digan. ¡Ya sabes que la gente es muy envidiosa!

7. △ Pero ¿cómo pretendes aprobar si no estudias nada?
   ○ Es que esta asignatura .... , una auténtica lata…

8. △ ¿Qué piensas hacer este fin de semana?
   ○ Pues, no mucho, porque ando .... …

9. △ ¿Has terminado el informe?
   ○ Ayer me quedé .... , pero no logré acabarlo. A ver
   si por fin hoy puedo entregarlo…
   △ ¿Quieres que te ayude?
   ○ No hace falta, gracias, tú tienes bastante con tu trabajo.

10. △ Lo intenté…, en serio…, pero…
   ○ ¡...!

2. Completa el siguiente diálogo con los tiempos y modos verbales adecuados al contexto:

△ ¿Sí? ¿Dígame?
○ Hola, (ser, yo) .... Pilar…
△ Hombre, precisamente hoy mismo (ir, yo) .... a llamarte.
○ ¿Y eso?

REVISIÓN

△ La verdad es que te (llamar, yo) .... ayer, pero no (estar, tú) .... y tampoco (tener, yo) .... ganas de dejarte un mensaje en el contestador.

○ Si me (dejar, tú) .... un mensaje, te (llamar, yo) .... …

△ Ya lo sé, lo que pasa es que (ser) .... tarde cuando te (llamar) .... y ya (ir) .... a acostarme.

○ Chica, (ser, tú) .... como las gallinas…

△ Ya lo (saber, tú) .... … Por mucho que (dormir, yo) .... , siempre (querer) .... dormir más… Por cierto, te (llamar, yo) .... porque ayer (recibir) .... un correo electrónico de Luisa…

○ ¿Y qué (decir, ella) ....?

△ Que (venir) .... a pasar la Navidad a España y que le gustaría que (salir, nosotras) .... a cenar una noche.

○ Por mí, encantada de que (salir, nosotras) .... , pero ya sabes que (irse, yo) .... a esquiar a Italia. De todas formas, aunque yo no (estar) .... , podéis salir vosotras dos, ¿no? Y cuando (volver, yo) .... , me lo cuentas, ¿te parece?

△ Bueno, todavía no (saber, yo) .... exactamente cuándo (venir, ella) .... , pero si (venir) .... antes de que tú (irse) .... , podríamos salir las tres.

○ Eso (ser) .... estupendo. Yo (irse) .... el 23 de diciembre y (volver) .... el 3 de enero… La verdad es que si llego a saberlo, (reservar, yo) .... el vuelo en función del viaje de Luisa, pero ahora ya no (poder, yo) .... cambiarlo.

△ Bueno, no (preocuparse, tú) .... , seguro que (poder, nosotras) .... organizar algo. Le (escribir, yo) .... un correo y le (contar) .... lo de tus fechas. Cuando (saber) .... algo más de su viaje, te (llamar) .... , ¿vale? ¡Pero (ser) .... como (ser) .... , tenemos que hacer esa cena juntas!

3. Completa con las estructuras comparativas que hemos aprendido.

1. △ ¿Qué le parece este modelo?

○ Me gusta, pero quiero uno que sea .... moderno.

2. △ Ayer conocí a la sobrina de María.

○ ¿Y que te pareció?

△ Es una chica .... formal y, físicamente, es .... su madre.

○ Pues yo creía que se parecía .... su padre…

△ ¡Qué va! Como te digo, es clavadita .... su madre.

3. △ ¿Por qué no has comprado el abrigo?

○ Porque no me gusta .... el que hemos visto esta mañana y, además, es .... caro.

4. △ Mire, este modelo es nuevo, es .... resistente .... el otro, pero el diseño es mucho .... moderno y elegante.

○ Muy bien, me lo llevo.

REVISIÓN

4. Completa con alguna de las perífrasis del recuadro y conjuga el verbo en el tiempo y modo adecuados:

> **A.** Llevar (+ gerundio)
> **B.** No lograr (+ infinitivo)
> **C.** Deber (+ infinitivo)
> **D.** Soler (+ infinitivo)
> **E.** Pasarse (la tarde + gerundio)

△ La verdad es que .... entender cómo funciona esta empresa…

○ Te acostumbrarás. Yo .... diez años trabajando aquí y, si quieres que te diga la verdad, tampoco entiendo muchas cosas…

△ Desde luego, no es normal que la gente .... la tarde celebrando el cumpleaños de un compañero.

○ Por supuesto que no, pero si los jefes no dicen nada…

△ Pues .... decirlo, ¿no te parece?

○ Mira, hace años .... celebrar sólo la Navidad, pero ahora, cualquier motivo es bueno para no trabajar.

FELICIDADES JORGE

5. Tu compañero(a) no sabía que Juan y Susana acaban de separarse… Cuéntaselo y utiliza los recursos que hemos aprendido para narrar sucesos de manera informal. Además, puedes escribirlo.

> △ ¿Sabías que Juan y Susana se han separado?
> ○ No, no tenía ni idea… ¿Y cómo ha sido?
> △ Pues resulta que …

• casarse
• Susana quedarse embarazada
• Susana dejar de trabajar
• Juan lograr un ascenso
• empezar a llevarse mal
• vivir unos meses separados
• volver a vivir juntos
• decidir separarse
• Juan conseguir la custodia de la hija

REVISIÓN

6. Completa el siguiente texto con los elementos discursivos que aparecen en el recuadro:

A. sin embargo

B. en segundo lugar

C. para empezar

D. con todo

E. de todos modos

F. en primer lugar

G. en este sentido

H. es decir

I. por lo tanto

El tamagotchi es un invento japonés destinado al público infantil: un aparato electrónico con la forma de un pequeño huevo, que se comporta como si fuera un ser vivo. Su propietario tiene que cuidarlo, alimentarlo y apagar la luz cuando va a dormir, ya que si no recibe los debidos cuidados -incluido el afecto- puede morir. Este nuevo producto ha sido muy popular entre la población infantil, pero sobre sus efectos hay opiniones para todos los gustos.

(1) ...., el tamagotchi presenta muchos aspectos positivos para los niños que lo cuidan: (2) ...., tiene muchas de las características de un ser vivo, con lo que los niños se acostumbran a cuidar de un ser que los necesita y, con ello, se hacen más responsables; (3) ...., el tamagotchi requiere mucho tiempo para su cuidado e inculca un sentido de la responsabilidad en el niño. (4) ...., está claro que el tamagotchi no es un ser vivo y, (5) ...., dar cariño y afecto a un aparato electrónico no parece muy educativo, ya que distorsiona la realidad en el niño. (6) ...., que el cuidado de un tamagotchi proporciona al niño un sentido falso de la importancia de la vida.

(7) ...., el tamagotchi es un juguete que puede servir como compañía para los niños que lo cuidan, incluso, como amigo para un niño solitario; (8) ...., el cuidado de un tamagotchi podría ser el primer paso para que un niño demuestre que está listo para hacerse cargo de un animal doméstico. (9) ...., hay, como dijimos al principio, opiniones para todos los gustos.

7. Ahora, danos tu opinión sobre los efectos positivos y negativos del tamagotchi como juguete infantil. Utiliza, para ello, los conectores discursivos que hemos aprendido para exponer de manera ordenada nuestras ideas.

UNIDAD 11

HACÍA SIGLOS QUE NO NOS VEÍAMOS

PRETEXTO

UN ENCUENTRO INESPERADO EN EL AEROPUERTO.

△ ¡Alejandra! ¡Alejandra! ¿No me reconoces? Soy Silvia, una compañera tuya, la que se iba todos los veranos a trabajar a Suiza.

○ ¡Silvia! ¿Eres tú, de verdad? ¡Madre mía, **qué cambiazo**! Claro, es que hacía siglos que no nos veíamos. ¿Por qué no vamos a la cafetería y me cuentas cosas de tu vida?

△ Iba a proponerte lo mismo. Han retrasado mi vuelo otra vez, así que no hay prisa. La verdad es que **me están dando el día** con tanto retraso. Pero dejemos eso. ¿Qué haces tú en Río?

○ Estoy de vacaciones. En realidad yo quería hacer un viaje por el Amazonas, pero me decidí tarde y no había plazas, así que aquí estoy, **en plan turista turista**. Y tú, ¿de dónde sales tan **requeteguapa**?

△ Pues ya ves, yo estoy trabajando. Sí, **no pongas esa cara** y espera que te cuente. Nada más terminar la carrera, mandé varios currículos y me llamaron de una agencia de modas, me seleccionaron y ahora soy la directora. Estoy aquí para buscar exteriores para las fotos de la próxima temporada.

○ ¡Madre mía! **¡Quién lo iba a decir!** ¡Con lo *hippy* que tú eras! Siempre **montando broncas** revolucionarias. Y dime, ¿has vuelto a ver a la gente de la Facultad?

△ Sí, a veces he coincidido con algunos en desfiles, en exposiciones y cosas así. La última noticia es que Nacho y Lola se casaban.

○ ¡¿Nacho y Lola!? Pero si se llevaban fatal. **Yo alucino**, de verdad.

△ ¡Chica! **No te lo tomes así** o ya no te cuento más.

1. Fíjate en las expresiones que hemos destacado en el texto y relaciona los elementos de las dos columnas:

1. Me están dando el día.	a. Estoy tremendamente sorprendida.
2. En plan turista turista.	b. No te sorprendas tanto.
3. No pongas esa cara.	c. Qué cambio tan grande.
4. Montando broncas.	d. Peleando, discutiendo.
5. ¡Quién lo iba a decir!	e. Han estropeado mis planes.
6. Yo alucino.	f. Como una turista típica.
7. No te lo tomes así.	g. Guapísima.
8. ¡Qué cambiazo!	h. No te enfades, no te disgustes.
9. Requeteguapa.	i. Nadie habría podido decirlo.

2. Completa con alguna de las expresiones que han aparecido en el recuadro anterior.

△ ¡Pero, Rafael! ¿De qué vas vestido? ¿Tú te has mirado a un espejo?

○ ¡Mujer! (1) ...., sólo es un conjunto original, ¿no crees?

△ ¿Original? (2) ...., si no te cambias ahora mismo, yo no voy contigo a ninguna parte.

○ (3) ...., que parece algo personal, ahora me pongo otra cosa.

  (…)

△ ¿Y ahora? ¿Qué tal?

○ (8) .... ahora sí que eres mi Rafa de siempre.

○ Tú si que estás (9)............... ¡Hala! ¡Vámonos!

> **¡Hala!:** Interjección que se emplea para animar o meter prisa.

3. Vas a leer un fragmento literario que cuenta también un encuentro en un aeropuerto.

*Ella sabía que Rodrigo viajaría a San Javier en el mismo avión, que él lo ignoraba y que debería localizarlo. Alguien de la familia le había telefoneado la coincidencia, sugiriéndole que aprovechara de esta manera el coche que iría a buscar a Rodrigo desde Cartagena. Si no, a las nueve de la noche, tendría dificultades para lograr un transporte hacia la ciudad. El problema era cómo reconocerlo. Hacía exactamente cuarenta y dos años que Rodrigo y ella no se veían **y debía de tener** como cuatro o cinco años la última vez que jugó con él, que lloró por él. Era éste uno de sus primeros recuerdos de infancia, uno de sus escasos recuerdos de la guerra. (…) Un rápido cálculo le recordó que en esos momentos su primo **debería andar por** los cincuenta y, con un aire falsamente distraído, se dio una vuelta por el salón de tránsitos de Barajas, disponiéndose a observar a todos los hombres que **rondaran** esa edad. (…)*

- ¿A que eres Quico?

- ¡Lala!

Se echaron a reír, mientras se abrazaban, conscientes de la ridiculez de los diminutivos infantiles, tantos años después.

- ¡Pero si estás estupenda!

- Y tú…, te he reconocido enseguida.

- ¿Qué haces tú aquí? Me dijeron que vivías en el extranjero.

- Y vivo. Pero me he escapado del extranjero. No podía más.

DOLORES SOLER ESPIAUBA, *Crónica del olvido.*

Fíjate en las formas que utilizamos para expresar aproximación:

* **Debía de tener como** cuatro años = probablemente tenía cuatro años.
* Su primo **debería andar por** los cincuenta = debía de tener cincuenta.
* Observar a los hombres que **rondaran** esa edad = a los hombres que estuvieran cerca de esa edad.

Ahora, en parejas, y siguiendo la información que hay en el texto, simulad la conversación telefónica en que avisan a la protagonista de la coincidencia.

GRAMÁTICA ¡VAMOS A REFLEXIONAR!

LOS PASADOS

Recuerda lo que has estudiado y coloca los marcadores temporales adecuados en cada frase:

antes

la última vez

esta mañana

ayer

de pequeño(a)

alguna vez

el año pasado/ el mes pasado/ la semana pasada

ya

nunca (antes)

hace un mes / tres semanas

P. PERFECTO

△ ¿Por qué no has venido a clase ....?
○ Porque no he oído el despertador.

△ ¿Habéis visto ...... un fantasma?
○ ¡Qué dices! Yo, no, por supuesto.

P. INDEFINIDO

△ ¡Pilar! ¡Cuánto tiempo! ¿Cuándo nos vimos ....?
○ Creo que fue ....

△ ..... me fui de viaje por motivos de trabajo y dejé el coche en la calle Serrano. .... fui a buscarlo y no estaba.
○ ¿Estás seguro?

P. IMPERFECTO

△ .... no fumaba nada.
○ Pues ahora pareces una chimenea.

△ ¿Por qué sabes tanto del campo?
○ Porque .... vivía con mis abuelos en una granja.

P. PLUSCUAMPERFECTO

△ ¿Qué te ha parecido Toledo?
○ ¡Increíble! .... había visto una ciudad igual.

△ ¡Qué rabia! No pudimos ver el principio de la película.
○ ¿Por qué?
△ Porque cuando llegamos, ... había empezado.

Sigue recordando y relaciona los elementos de las dos columnas.

1. △ ¡Alejandra! Soy Silvia, la que **se iba** a Suiza a trabajar todos los veranos.
   ○ Silvia, claro, la que **tenía** las ideas más revolucionarias de la clase.

2. △ Cuéntame, ¿qué ha sido de tu vida?
   ○ Pues nada más terminar la carrera, **mandé** varios currículos y **me llamaron** de una agencia de modas, me **seleccionaron** y ahora soy la directora.

3. △ ¿Por qué no contestaste a esas preguntas del examen?
   ○ Porque no me **había estudiado** precisamente ese tema.

4. △ ¿**Has vuelto** a ver a la gente de la Facultad?
   ○ Sí, a veces **he coincidido** con algunos en desfiles, en exposiciones y cosas así.

A. Expresa un hecho pasado anterior a otro también pasado.

B. Enumera una serie de acciones pasadas.

C. Habla de costumbres y describe el carácter.

D. Presenta un hecho pasado sin referirse a un momento concreto.

PRETÉRITO IMPERFECTO

Fíjate en el tipo de acciones e ideas que podemos expresar:

1• Un contraste entre nuestras ideas y la realidad. A veces con el imperfecto podemos manifestar una intención frustrada.

△ *¿Qué haces tú en Río?*

○ *Estoy de vacaciones. En realidad yo* **quería** *hacer un viaje por el Amazonas, pero no había plazas.*

△ *Hemos pedido sangría para todos, ¿vale?*

○ *¡Vaya!* **A mí me apetecía más** *una cerveza, pero me tomaré la sangría.*

2• Expresamos que la información que transmitimos no está confirmada, sólo nos referimos a lo que nos han dicho otros.

△ *¿Qué sabes de la gente de la Facultad?*

○ *La última noticia es que Nacho y Lola* **se casaban.**

△ *¿Cómo es que te vas de puente?*

○ *Es que (me dijeron que) las clases no* **empezaban** *hasta la semana que viene.*

3• En estructuras que expresan hipótesis, a veces sustituye al condicional y, de esa forma, la frase adquiere mayor inmediatez.

△ *Estoy harta del trabajo, si pudiera,* **me iba** *de vacaciones (ahora mismo).*

○ *Y yo* **me iba** *contigo.*

4• También lo usamos para expresar intención, sobre todo en construcciones como *ir a / pensar* + infinitivo.

△ *¿Vamos a la cafetería a tomar algo?*

○ **Iba a proponerte** *lo mismo.*

△ *¡Mira lo que te hemos traído de Japón!*

○ *¡Qué cámara tan chula! Yo* **pensaba comprarme** *una, así que es un regalo perfecto.*

5• Y nos sirve como fórmula de cortesía.

△ *Buenos días, ¿* **podía** *hablar con usted un momento?*

○ *Claro que sí, no* **faltaba** *más.*

(En una tienda)

△ *¿Qué* **deseaba?**

○ **Quería** *probarme esa chaqueta.*

6• Pero no olvides que también puedes usar el condicional para expresar cortesía:

△ *Buenos días, ¿* **podría** *hablar con usted un momento?*

○ *Claro que sí, no* **faltaría** *más.*

DESDE (QUE)	HACE /HACÍA (QUE)	AL CABO DE
• **Para referirnos al principio de una acción.**	• **Para referirnos a la cantidad global de tiempo que ha transcurrido.**	• **Para referirnos a un hecho futuro desde el pasado.**
△ *¿Llevas aquí mucho tiempo?*	△ *¿Llevas aquí mucho tiempo?*	△ *Llegué a Barcelona en abril y* **al cabo de tres semanas** *encontré trabajo.*
○ *Sí,* **desde enero.**	○ *Sí,* **hace un año** */* **hace un año que** *estoy aquí.*	○ *¡Qué suerte!*
• Si usamos **que**, detrás va un verbo.	• Si usamos **que**, detrás va un verbo.	
Alejandra y Silvia no se veían **desde que terminaron** *la carrera.*	*Hacía 43 años que Rodrigo y ella no se veían.*	

VAMOS A PRACTICAR

 1. La abuela nos ha contado una historia. Escucha la grabación y contesta a las preguntas. Compara con las respuestas de tu compañero(a).

    a. ¿De qué trata la leyenda?

    b. ¿Por qué fue necesario un ejército de diablos?

    c. ¿Qué pensamientos tuvo la protagonista?

    d. ¿Cómo termina la historia?

2. Completa con cualquiera de los tiempos verbales que expresan pasado.

1. △ ¿(Tener, tú) .... ya la entrevista de trabajo?

    ○ Sí, esta mañana a primera hora; (haber) .... más gente, pero a mí me (llamar, ellos) .... el primero. ¡(Estar, yo) .... más nervioso...!

    △ ¿Y qué tal lo (hacer, tú) ....?

    ○ Creo que bien; (tener, yo) .... en cuenta todos los consejos que (leer, yo) ...., no (meter, yo) .... la pata en cosas elementales y lo mejor es que (conseguir, yo) .... que el entrevistador se riera, y eso que al principio (parecer) .... un hombre muy serio.

    △ ¡Pues a ver si tienes suerte!

> **Meter la pata =** cometer errores; decir cosas inconvenientes.

2. △ ¡Ah, ya estás aquí! Mira, (venir) .... el camarero y (pedir, nosotros) .... sangría para todos. ¿Qué te parece?

    ○ Bueno, vale, yo (querer) .... un agua sin gas, pero tomaré sangría también, a ver si me animo.

    △ ¿Qué te pasa?

    ○ Pues que esta mañana (ir, yo) .... a buscar la última nota de la carrera y sólo me (dar) .... un aprobado.

    △ ¿Y eso te parece poco?

    ○ Es que (pensar, yo) .... pedir una beca para estudiar en Estados Unidos y ese aprobado me estropea el expediente. Pero, bueno, dejemos eso ahora.

3. △ ¡Pepa! ¡Qué casualidad! Justamente hoy (llamarte, yo) .... para quedar contigo y hablarte de unas ideas que tengo en mente.

    ○ ¡Cómo lo siento, Miguel! Hoy no puedo atenderte, salgo para Brasil dentro de unas horas, pero déjale el recado a mi secretaria y ya te llamaré.

    △ Sí, claro, pero es que no es lo mismo, yo (querer) .... explicarte esto cuanto antes. Se me (ocurrir) .... algo para ganar dinero sin hacer grandes esfuerzos, pero tiene que ser ya.

    ○ Pero, ¡hombre!, si (ser) .... tan importante, ¿por qué no me (llamar, tú) .... antes? Hoy es imposible que hablemos del tema.

3. **Vuelve a leer el Pretexto y el fragmento de *Crónica del olvido* y contesta a estas preguntas usando: hace/hacía (que); desde (que); al cabo de.**

   1. △ ¿Por qué Alejandra no reconoció al principio a Silvia?

     ○ ....

   2. △ ¿Encontró Silvia trabajo fácilmente?

     ○ ....

   3. △ ¿Desde cuándo no se ven Rodrigo y Lala?

     ○ ....

   4. △ ¿Tardó mucho tiempo Lala en reconocer a Rodrigo?

     ○ ....

4. **Aquí tienes los fragmentos de una historia que también ocurre en un aeropuerto. Primero, transforma los infinitivos; después, ordena los fragmentos y añade detalles que te parezcan necesarios.**

△ Hasta ahora nadie nos (explicar) .... qué nos (traer) .... aquí. ¿(Haber) ....
una avería en el avión? ¿Hay problemas para despegar?

○ Señora, tranquilícese, todavía no se nos (autorizar) .... a informarles de nada;
en cuanto sepamos algo, se lo transmitiremos.

Cuando, por fin, (llegar) .... el director del aeropuerto, la mayoría de los pasajeros,
(buscar) .... acomodo e (intentar) .... descansar. Los que no (poder)
.... dormir, en seguida nos (dar) .... cuenta de que algo grave (pasar)
.... El director lo (confirmar) ....: el país (estar) .... en guerra y
no se nos (permitir) .... abandonarlo.

△ Abuela, ¿(pasar, tú) .... mucho miedo?

○ Claro, hija, yo (ir) .... allí a ver a tu abuelo, que entonces (ser) .... mi novio; a
mis padres no les (gustar) .... aquel viaje y ahora (pasar) .... una cosa así.
Te puedes imaginar que me (sentir) .... preocupada por la situación y por mis padres.

△ ¿Y el abuelo?

○ (Estar) .... en el aeropuerto conmigo, porque (ir) .... a despedirme, así que, a pesar
de las circunstancias, (pensar, nosotros) .... que al menos, (estar) .... juntos. La
verdad es que ahora pienso que en aquella época (ser) .... un poco inconscientes.

△ ¿Y cuánto tiempo (estar, vosotros) .... sin poder salir del país?

○ Exactamente no me acuerdo; dos semanas o tres, supongo. (Conseguir, nosotros)
.... volver juntos a España. Y después de eso, (casarnos) .... en seguida.
Y ahora, dejadme, que quiero descansar.

1 Al oír aquellas noticias, todos (sentir) .... un pánico terrible. Unos (querer) ....
llamar por teléfono, otros (hacer) .... preguntas sin escuchar las respuestas; en fin,
(formarse) .... el lógico revuelo. Los empleados del aeropuerto (dejar) ....
pasar algún tiempo para que la gente se serenase y después (empezar) .... a poner
un poco de orden.

5. Toda esta gente ha ido al cine y habla de sus películas, actores / actrices, directores(as) preferidos. Haced vosotros lo mismo. Hablad de vuestras preferencias y contad la última película que habéis visto. Para ayudaros podéis usar el vocabulario y los microdiálogos.

Pues **yo prefiero**...

A mí me encantan...

Menos mal que existe el día del espectador, si no...

Chico(a), no sé qué decirte, **con tanto follón**, no sé si me gusta...

A mí **me repatean** los estrenos, con esas **colas**, parece que...

Pero si **molan** cantidad, tú es que **eres un muermo.**

TENGO UNA CASA
ESCENA 4
12 5 30

Yo prefiero quedarme en casa con un buen vídeo.

¿Habéis visto la última de...?

No, ¿de qué va?

¡Qué dices! Donde esté una buena película en un buen cine...

Yo, sí y me pareció **un poco rollete.**

Bueno, pero decidme **de qué va**.

Pues resulta que...

· dirigir / rodar una película / el rodaje
· los protagonistas / hacer de / trabajar en
· el argumento
· el guión
· doblar una película / el doblaje
· la pantalla
· poner / echar una película

· películas de ciencia-ficción
· películas de acción
· películas de intriga / de misterio
· películas basadas en hechos reales
· películas de guerra
· películas en versión original / dobladas

6. Sustituye las expresiones coloquiales por su equivalente.

1 · Haber **follón**.
2 · **Repatear** una cosa a alguien.
3 · Haber **colas**.
4 · **Molar** cantidad una cosa a alguien.
5 · Ser **un muermo** una persona o una cosa.
6 · Ser **un poco rollete**.
7 · ¿**De qué va**?

a · No ser muy interesante.
b · Ser aburrido(a).
c · ¿Cuál es el tema?
d · Haber demasiada gente y ruido.
e · No gustar.
f · Haber mucha gente que espera.
g · Ser estupendo / gustar mucho.

SE DICE ASÍ Y ASÍ SE ESCRIBE

1. Aquí tienes una serie de expresiones en las que se utiliza el sufijo -AZO.

· Con él expresamos que las cosas "han aumentado de tamaño", incluso las no materiales.

△ ¡Madre mía! ¡Qué **cochazo** se han comprado los vecinos!

○ ¿Qué pasa, que te da envidia?

△ ¡Chica! No te había conocido, ¡vaya **cambiazo**!

○ Tú también has cambiado mucho, pero, claro, hacía siglos que no nos veíamos.

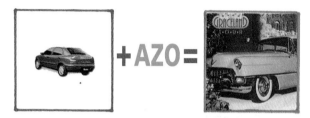

· A veces las cosas "grandes" nos parecen buenas y por eso el mismo sufijo expresa algo positivo.

△ ¡Fíjate en ese chico! ¡Qué **tipazo** tiene!

○ Sí, hija, sí, está buenísimo.

· Otras veces, en cambio, las cosas "grandes" son malas y el sufijo nos las presenta con valor negativo.

△ Pero ¡qué **bocazas** eres! ¿es que no sabes guardar un secreto?

○ Tú no me habías dicho que tenía que callarme.

· Por último, si unimos el sufijo a determinadas palabras, obtendremos un golpe "dado con", o una acción rápida.

△ Odio subirme a los metros en las horas punta, todo el mundo entra y sale a **codazos**.

○ Es que la gente no tiene educación.

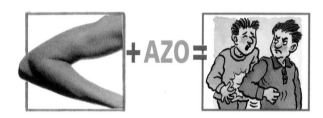

2. Ahora lee estos microdiálogos y sustituye las palabras en negrita por otras con sufijo - azo.

△ ¿Qué te ha pasado ahí?

○ Que el otro día me di un **golpe increíble**.

△ No sé qué le has visto a ese chico, no es nada del otro mundo.

○ Quizás, pero tiene unos **ojos llamativos**…

△ Ángel es un **chico muy bueno**, ¿a que sí?

○ No te creas, cuando saca el genio, es otra persona.

△ ¡Qué **piso tan grande** se ha comprado! Es impresionante.

○ Tampoco es para tanto.

△ ¡Qué **tostón más grande** de película vimos ayer!

○ Pues me habían dicho que valía la pena.

△ Me encanta Silvia, tiene un **estilo bárbaro**.

○ Sí, la verdad.

UN PASO MÁS

FICHA TÉCNICA:
TAXI
Director: Carlos Saura
Guión: S. Tabernero
Fecha: 1996

 1. Primero vamos a escuchar información sobre Carlos Saura. Toma la mayor cantidad posible de datos sobre su vida y su obra.

2. Ahora vamos un leer un fragmento del guión cinematográfico en el que está basada la película.

Una joven de unos 18 o 20 años llega a su casa. Su madre está cosiendo en el salón. En las imágenes anteriores vemos cómo Paz, la joven, se ha afeitado el pelo en un impulso, tras enterarse de sus notas.

PAZ: Hola, mamá.

MADRE: Pero, hija ¿qué te has hecho?

PAZ: **¿A que te gusta?**

MADRE: ¿Se puede saber qué te ha pasado?

PAZ: ¿No lo ves?

MADRE: ¡Qué barbaridad! Pero ¿por qué?

PAZ: **Me ha dado por ahí…**

MADRE: Cortarte el pelo. Si lo tenías precioso…

PAZ: **Ya crecerá**. He suspendido **los parciales**.

MADRE: ¿En serio? **¡Lo que faltaba!** ¿No decías que ibas a aprobar?

PAZ: **Se ha cargado** a la mitad de la clase.

MADRE: Bueno, tampoco se va a hundir el mundo. Ya recuperarás.

PAZ: He perdido demasiado tiempo con los estudios. **¡A la mierda!**

(El padre llega por detrás y da una bofetada a Paz, que no lo había visto. La reacción de Paz es irse a su habitación y encerrarse).

MADRE: No la pegues.

PADRE: ¿Que no la pegue? Pero ¿qué se ha creído? ¿Que puede hacer lo que le dé la gana?

MADRE: ¡Déjala! Bastante disgustada está ella.

GLOSARIO

Los parciales: exámenes que se hacen al final de un trimestre o cuatrimestre.

Cargarse a alguien: en lenguaje estudiantil, suspender; el sujeto siempre es el/la profesor(a), incluso si no se expresa: *me han cargado en química.*

¡Lo que faltaba!: expresión irónica con la que se añade algo malo a una situación que ya era mala; en realidad no "faltaba" lo que acaba de ocurrir.

¡A la mierda!: vulgarismo para expresar que algo o alguien ya no interesa.

3. Vamos a fijarnos en algunas expresiones que han aparecido en el fragmento dialogado.

1. *¿A que te gusta?*	**¿A QUE + VERBO?**	*Pregunta con la que el hablante espera obtener el acuerdo de su oyente.*
2. *Me ha dado por estudiar. Me ha dado por ahí.*	**DARLE A UNO POR + INFINITIVO / AHÍ**	*Para expresar que no se sabe por qué se ha hecho algo; que ha sido un impulso.*
3. *Ya crecerá / Ya recuperarás.*	**YA + FUTURO**	*Para posponer algo. En este caso se asegura que ocurrirá algo.*

4. Pides su opinión a tus compañeros(as) sobre los siguientes asuntos:

△ *¿**A que** estoy guapa con este modelito?*
○ *Pues no sé qué decirte, la verdad.*

1. Enseñas a tus compañeros la moto que te has comprado. A ti te encanta.
2. Comentas el examen que acabas de hacer. Te ha parecido fácil.
3. Piensas que Pedro, que es un aburrido, no va a ir a la fiesta de fin de curso.

5. Reacciona ante la sorpresa de tu compañero(a):

△ *No es posible. ¿Qué haces tú en la biblioteca?* △ *No es posible. ¿Qué haces tú estudiando?*
○ *Ya ves, **me ha dado por** estudiar.* ○ *Ya ves, **me ha dado por** ahí.*

1. ¿Qué haces tú con un cigarrillo en la mano?
2. ¿Cómo es que te levantas tan temprano para ir a correr?
3. ¿Tú en una discoteca? ¡No me lo puedo creer?

6. Tu compañero(a) está preocupado(a). ¡Anímale!

△ *Me he peleado con Dominique.*
○ *No te preocupes, **ya haréis** las paces.*

1. Está preocupado(a), no tiene noticias de sus padres.
2. Está buscando casa y no encuentra nada que le guste.
3. Espera un paquete con impaciencia.

AHORA YA SABES

FUNCIONES

· Mostrar contrariedad.
· Expresar intención.
· Expresar inmediatez en la hipótesis.
· Expresar cortesía.

· Preguntar pidiendo acuerdo.
· Asegurar que algo va a ocurrir.
· Expresar que se ha hecho algo sin saber por qué.

GRAMÁTICA

· Los Pasados.

· Desde (que).
· Hace / hacía que.
· Al cabo de.
· ¿A QUE + INDICATIVO?
· YA + FUTURO
· DARLE A UNO POR.
· EL SUFIJO **-AZO** Y SUS VALORES.

CADA UNO ES COMO ES, ¡QUÉ LE VAMOS A HACER!

¿ERES UNA PERSONA SUPERSTICIOSA?

¡HOY ES MARTES Y TRECE!

¡ACABO DE VER PASAR UN GATO NEGRO POR DEBAJO DE LA ESCALERA!

¡UN ESPEJO ROTO!

¡DIOS MÍO, HE DERRAMADO LA SAL SOBRE LA MESA!

¿CÓMO ES QUE VAS AL ESTRENO VESTIDA DE AMARILLO?

1. Vas a escuchar una canción que habla de supersticiones. Intenta colocar las frases que se han perdido. ¿Habrá intervenido en esto alguna bruja?

1. Cruza los dedos.	
2. Si alguien tira la sal.	
3. Si se cruza un gato negro.	
4. Cuando es viernes.	
5. Con la escalera y el trece.	
6. Mejor deshaces tu equipaje.	

Tocar madera, de Manolo Tena.

Si es noche de luna llena, tijeras abiertas en la mesa;
(a) .... , o se te rompió el espejo;
si no es por superstición, puede ser por precaución,
pero, de todas maneras,
tocar madera, tocar madera, tocar madera.

(b) .... , mejor no tientes a la suerte;
si alguien viste de amarillo, (c) .... ,
sabes cómo te digo;
si no es por superstición, puede ser por precaución,
pero, de todas maneras,
tocar madera, tocar madera, tocar madera.

Si te marchabas de viaje, y alguien nombra lo innombrable,
(d) .... ,
tocar madera, tocar madera, tocar madera, tocar madera.

(e) .... , cuando es martes, no te cases, no te embarques;
si alguien te mira mal, (f) .... ,
si no es por superstición, ni miedo a la maldición,
pero, de todas maneras,
tocar madera, tocar madera,
tocar madera,
tocar madera.

2. ¿Cuáles de estas características elegiríais para describir a las personas supersticiosas?. Después, haced una lista común con toda la clase, añadiendo otras.

· Son desconfiadas.

· Se ponen nerviosas con mucha facilidad.

· Tienen poca confianza en sí mismas.

· Tienen manías.

· Están pendientes de detalles insignificantes.

· Llevan montones de amuletos.

3. Y ahora, ¿puedes explicarnos alguna de las supersticiones de tu cultura?
Compara con tu compañero(a).

TÚ
....
....
....
....
....

TU COMPAÑERO(A)
....
....
....
....
....

4. Ya sabemos si eres una persona supersticiosa o no. Pero ¿te consideras alguien diferente?

Lee el siguiente texto de Gabriel García Márquez y compárate con Melquiades.

Para esa época Melquiades había envejecido con una rapidez asombrosa. En sus primeros viajes parecía tener la misma edad de José Arcadio Buendía. Pero mientras éste conservaba su fuerza **descomunal**, que le permitía **derribar** un caballo agarrándolo por las orejas, el gitano parecía **estragado** por alguna dolencia **tenaz**. Era, en realidad, el resultado de múltiples y raras enfermedades contraídas en sus incontables viajes alrededor del mundo. Según él mismo le contó a José Arcadio Buendía mientras lo ayudaba a montar el laboratorio, la muerte lo seguía a todas partes, **husmeándole** los pantalones, pero sin decidirse a darle el **zarpazo** final. Era un fugitivo de cuantas plagas y catástrofes habían **asolado** al género humano. (…) Aquel hombre prodigioso que decía poseer las claves de Nostradamus, era un hombre **lúgubre**, envuelto en un aura triste, con una mirada asiática que parecía conocer el otro lado de las cosas. Usaba un sombrero grande y negro y un chaleco **patinado** por el verdín de los siglos. Pero a pesar de su inmensa sabiduría y de su ámbito misterioso, tenía un peso humano, una condición terrestre que lo mantenía **enredado** en los minúsculos problemas de la vida cotidiana.

GABRIEL GARCÍA MÁRQUEZ, *Cien años de soledad.*

Busca en el texto los sinónimos de estas expresiones:

1. El golpe definitivo.

2. Enorme.

3. Manchado y brillante por el uso.

4. Oler como hacen los perros.

5. Constante.

6. Echar al suelo.

7. Arruinado, dañado.

8. Destruir, causar grandes daños.

9. Triste, sombrío.

10. Entretenido, liado.

5. En parejas o en pequeños grupos, cread y describid un personaje imaginario dándole características y costumbres originales. Después de presentar a todos los personajes, se vota al más divertido y original.

GRAMÁTICA ¡VAMOS A REFLEXIONAR!

DESCRIBIR Y CARACTERIZAR

¿Recuerdas cuándo se usan SER y ESTAR?

Completa estos minidiálogos con uno de los dos verbos.

△ ¿Sabes que nuestros vecinos no .... casados?

○ Bueno, ¿y qué? A mí me da igual, ... su vida, ¿no?

△ Oye, **no te pongas así**, que no he dicho que ....
delincuentes.

○ No me pongo de ninguna manera, es que .... harta
de **chismes**.

△ ¿Cómo .... el examen?

○ ¡Puf! Muy difícil, la verdad; además,
.... nerviosísimo.

△ Y la profesora, ¿cómo ....?

○ No me hables, ... un auténtico **hueso**.

No te pongas así: no te enfades, no me contestes así.
Chismes: comentarios sobre la vida de otros.
Un hueso: profesor(a) duro(a), exigente.

SIEMPRE CON *SER*

· La localización de eventos:
La fiesta es en el jardín.
· Los sustantivos y adjetivos sustantivados:
Era un fugitivo.
Hablar **es lo más importante.**
· Los pronombres no sujeto:
¿Quiénes **son ésos?**
· Los infinitivos:
Querer **es poder.**
· Las frases de relativo:
Esas tonterías **son las que** me ponen furioso.
· Las definiciones y generalizaciones:
Estar de pie es muy cansado.

SIEMPRE CON *ESTAR*

· La localización:
Los invitados ya **están en el jardín.**
· Bien, mal:
Tanto si **estás bien**, como si **estás mal**, tienes
que sonreír a la gente.
· Los gerundios:
Estamos aprendiendo muchísimo.
· El estado actual comparado con otro momento;
el aspecto:
Cada día **estás más joven**, ¿cómo lo haces?
· El estado actual resultado de algo anterior:
Otra vez **está borracho**, ¿por qué beberá tanto?

OTROS RECURSOS PARA DESCRIBIR Y CARACTERIZAR

a. LAS PREPOSICIONES:

CON

Expresa características que definen, identifican o individualizan algo o a
alguien, produciendo una idea de "acompañamiento".

△ ¿Otra vez de mudanza?

○ Pues sí, me voy a vivir a una casa **con jardín.**

△ Si iba **con una máscara**, ¿cómo pudiste saber que era Miguel?

○ Muy sencillo, porque era el único **con una capa negra** de terciopelo.

DE

Especifica, limita las palabras a las que acompaña, aportando una gran variedad de matices según el contexto.

△ *No entiendo a los jóvenes de hoy.*

○ *Normal, es que tú eres de otra época.*

△ *Tú siempre llevas colonia de hombre, ¿verdad?*

○ *Sí, es que no me gustan las de mujer.*

b. FRASES HECHAS

CON *SER:*

△ *¡He terminado toda la carrera en dos años!*

○ *¡Tía!* **Eres de lo que no hay** (único/a).

△ *Tere se ha enfadado porque no hemos hecho lo que quería ella.*

○ *Es que esa chica cree que es el ombligo del mundo* (muy, muy importante).

△ *No quieres salir, no quieres ver una película, no quieres echar una partida…, eres un muermo, de verdad* (muy aburrido/a).

○ *Pues sal tú y déjame en paz.*

CON *ESTAR*

△ *¿Qué te pasa?, parece que te vas a comer a alguien.*

○ *Es verdad, es que me he peleado con el imbécil de mi jefe y estoy que muerdo* (furioso/a).

△ *¿Has visto? A Pepe le han dado un horario mejor que el nuestro.*

○ *Hay que ver, estás a la que salta, a ti no se te escapa nada, ¿eh?* (muy atento/a).

△ *Estoy hasta las narices del ordenador y de trabajar, me voy a descansar a la sierra.* (harto/a; cansado/a).

○ *¿Serás capaz de vivir una semana sin tu ordenador del alma?*

c. ALGUNOS VERBOS DE CAMBIO

VERBO	SE CONSTRUYE CON	EXPRESA	EJEMPLO
PONERSE	+ adj. / adv. + *como* + sust. / adj.	· Cambios de aspecto o estado, repentinos y no permanentes.	△ *Siempre me pongo nervioso en los exámenes.* ○ *¡Y yo!*
VOLVERSE	+ adjetivos y sustantivos	· Cambios involuntarios, consecuencia de las circunstancias.	△ *Te has vuelto muy desconfiado.* ○ *Es que me ha engañado muchas veces.*
HACERSE	+ adjetivos + *un* + sust. + adj.	· Cambios queridos por las personas y referidos, sobre todo, a profesión, ideología, religión.	△ *Con aquel negocio se hicieron ricos.* ○ *Sí, tuvieron mucha suerte.*
LLEGAR A SER	+ sustantivos + frase sustantivada + adjetivos	· Cambios debidos a esfuerzos y presentados como logros.	△ *Mi abuela decía que yo llegaría a ser una persona muy importante.* ○ *Y tenía razón.*
CONVERTIRSE EN	+ sustantivos + adj. sustantivados	· Cambios de naturaleza que no presentan voluntariedad o esfuerzo.	△ *Esta niña se ha convertido en una mujer muy atractiva.* ○ *¡Desde luego que sí!*
QUEDARSE	+ adjetivos	· Cambios que dan idea de falta de movimiento.	△ *Cuando se lo conté se quedó boquiabierto.* ○ *Normal, menuda sorpresa.*

12

VAMOS A PRACTICAR

1. Escucha la entrevista que le hacemos al actor catalán Pere Ponce y contesta después a estas preguntas:

    a. ¿Qué pretende con su obra de teatro?
    b. ¿Qué es el hombre elefante?
    c. ¿Qué opina Pere del amor?
    d. ¿Cómo se define a sí mismo?
    e. ¿Qué opina del cantante Joan Manuel Serrat?
    f. ¿Cuáles son su vicio y su utopía?

Perilla cervantina   Media naranja   Ser retorcido   Silbar

2. En parejas, haced una entrevista parecida a un compañero(a) y luego leedla.

3. Hemos encontrado una serie de frases famosas en las que se han perdido SER y ESTAR. ¿Será de nuevo la bruja? Completadlas, por favor.

Después, decidnos con cuál estáis más de acuerdo y por qué.

   1. Cuando .... (nosotros) entre amigos, lo que cuenta no .... lo que se dice, sino el no tener necesidad de hablar.

   2. Los niños .... los mensajes vivientes que enviamos al futuro.

   3. Cuando no se piensa lo que se dice .... cuando se dice lo que se piensa.

   4. A todos nos .... permitido pensar, pero algunos se lo ahorran.

   5. Prohibir algo .... despertar el deseo.

4. Completa con SER, ESTAR, CON o DE.

   1. △ Arturo, cuando .... (tú) en tierra, ¿echas de menos el mar?
      ○ Mucho. .... tan intenso lo que siento cuando navego, que me doy cuenta de que el mar .... mi única religión.

   2. △ Por mi cumpleaños me han regalado una lámpara .... mesa, ¿quieres verla?
      ○ ¡Claro! Oye, ... preciosa, me encantan las lámparas .... estos flecos, como en tiempos .... mi abuela, y, además, ahora .... de súper moda.
      △ Sí, ya. Pero no sé yo si .... tanto fleco voy a ver mucho para trabajar.

   3. △ Buenos días, ¿podría probarme el conjunto .... el escaparate?
      ○ Espere un momentito, creo que tenemos aquí otro .... el mismo color y .... la misma talla.

4. △ ¿............. (tú) cansado, enfadado o me dedicas a mí ese gesto tan, tan… especial?

○ Déjame en paz, que no .... para bromitas.

△ Bueno, chico, perdona, a lo mejor prefieres a alguien .... menos humor.

○ Ni .... menos , ni .... más. Quiero a alguien .... intuición para ver que .... (yo) de los nervios.

5. Reacciona y califica a esta gente:

¿Qué le dices a Leo, un chico que no pierde ocasión de señalar a todo el mundo sus fallos y si alguien dice algo que puede resultarle útil, aprovecha siempre la ocasión?

· *¡Chico!* ....

¿Cómo crees que se siente Victoria, que ha perdido un archivo de 23 páginas cuando estaba trabajando con el ordenador?

· *Imagino que debe de* ....

Les propones a tus amigos un montón de posibilidades para este fin de semana y ninguna les apetece, sólo quieren quedarse en casa sin hacer nada. ¿Cómo reaccionas?

· *Con vosotros no se puede,* ....

¿Sabes que Marta ha rechazado un trabajo estupendo en una empresa de publicidad para irse al campo a cuidar sus animales y a plantar sus verduras?

· *No me extraña, es que Marta* ....

En tu casa nadie te tiene en cuenta, no te escuchan. ¿Qué les dices para que sepan que estás cansado de su actitud?

· ....

Tu hermano pequeño siempre quiere llevar razón y que todos estén pendientes de él. ¿Qué le dices?

· *Escucha, "guapo", tú no* ...., *aquí eres uno más.*

6. Aquí tienes una serie de cambios que han experimentado algunas personas, pero nos falta información. ¿Puedes completarla con verbos de cambio?

1. △ ¿Cómo reaccionas si, cuando vas a buscar el coche, se lo ha llevado la grúa?

○ Tú, ¿qué crees? ....

2. △ ¿Te has fijado en Birgit? Desde que vive en España no desayuna tanto como antes, ahora se toma un café con galletas, no almuerza a las 12, sino a las 2 como poco. ¿Qué le pasará?

○ Es obvio, ¿no? Que ....

3. △ Chico, desde que .... tan importante, no se te ve el pelo.

○ **¡Menos cachondeo**, que trabajo muchísimo y por eso no tengo tiempo para nada.

4. △ ¡A ver! ¿Qué dicen las cartas sobre mi futuro?

○ Que al principio tendrá ciertas dificultades, pero que .... rica y famosa.

> **menos cachondeo:** menos guasa.

5. △ ¿Sabes algo de Virginia? Desde que dejé la agencia, no la he vuelto a ver.

○ ¡Ah! Pues está encantada de la vida; ella también se fue, ... autónoma, montó su propia agencia y le va de maravilla.

6. △ ¿Por qué te enfadas tanto con Sergio?

○ ¿No lo ves?, porque no reacciona. .... mudo, atontado, esperando que otros resuelvan el problema.

7. △ ¡Mira! Otra novela de Pérez Reverte. ¿Cuántas lleva?

○ No sé, pero .... uno de los autores que más venden.

7. Y usted, ¿qué opina?

Para nuestro programa de hoy hemos seleccionado dos de las sugerencias que nos han dejado nuestros oyentes en el contestador. A continuación, vamos a leerles lo que en 1988 escribió Francisco Gavilán en su libro *Guía de malas costumbres españolas*. Después, el debate quedará abierto.

La sociedad española, pese a los cambios, sigue manteniendo la creencia de que siempre existe un atajo por el que se puede llegar a la ventanilla sin guardar cola.

La democracia no ha podido erradicar el "enchufe", único interruptor capaz de activar las gestiones.

El "enchufe" es necesario para eludir colas y acelerar trámites, e indispensable para conseguir favores. Con él se logra que nos pongan de inmediato el teléfono, aprueben la subvención, anulen las multas, autoricen las licencias comerciales, adjudiquen subastas, aceleren la concesión de pensiones y solicitudes de cualquier tipo. (…)

Este es un país de influencias. Es necesario tener amigos en lugares clave: Ministerios, Bancos, Juzgados, Ayuntamientos, Aeropuertos, Empresas, Colegios, etc, si se quiere sacar algo adelante o   conseguir que un expediente ingrato "se pierda". Creemos más en los favores y los "enchufes" que en la Justicia o el Gobierno. Esto reafirma la teoría de que "quien a buen árbol se arrima, buena sombra le cobija" y fomenta el principio de "hoy por ti, mañana por mí".

Después de escuchar y leer el texto, ¿creéis que "los enchufes" son siempre malos?

Si usted quiere, en este país , tener éxito en la organización de congresos, simposios, seminarios o simples cursillos, con independencia de la materia que en ellos se trate, no olvide un detalle muy importante:
¡Conceda un diploma de asistencia a los concurrentes!

Con ello tendrá la audiencia asegurada.
Somos una fauna de buscadores de *estatus*.

Por lo general, los españoles padecemos el síndrome de la titulitis, una psicopatología que afecta principalmente a nuestro sentido de identidad y, por ende, al reconocimiento social de nuestra persona.

(…) La magia que rodea a los más diversos profesionales ya no está en relación con su eficacia, lealtad, inteligencia o capacidad de trabajo, sino con sus títulos o "másters" conseguidos en el extranjero.

En este caso, nuestra oyente y el señor Gavilán están de acuerdo, pero si no damos títulos, ¿cómo vamos a reconocer a los profesionales?

SE DICE ASÍ Y ASÍ SE ESCRIBE

1. Veamos qué podemos expresar con el sufijo -ADO/A

ASPECTO

△ ¿Has visto últimamente a Diego?

○ Sí y lo he encontrado muy **avejentado**.

CONJUNTO

△ ¡Qué **mariscada** nos comimos ayer en el Mesón de Curro!

○ ¡Ah, sí! Ahí se come muy bien.

HECHO DE

△ La verdadera **limonada** sólo lleva agua, limón y un poco de azúcar.

○ Pero eso, hoy día, sólo lo puedes tomar en casa, no en los bares.

GOLPE DADO CON

△ ¿Qué le pasa a la perra?

○ Que algún salvaje le ha dado una **pedrada**.

ACCIÓN PROPIA DE

△ ¡Déjate de **payasadas**!

○ ¿Cómo que **payasadas**? ¿Es que reírse un poco es malo?

2. Ahora lee estos diálogos y sustituye las palabras en negrita por otras con el sufijo -ADO/A :

△ Mira por la ventana, asómate, verás.

○ ¡Qué **cantidad de nieve**! ¡Qué bonito está todo!

△ Cuando pone esa voz **de niño**, parece idiota.

○ Pues yo creo que no lo hace a propósito, le sale así.

△ De un simple **golpe de ojo** se dio cuenta de la situación.

○ Es que ese chico es muy listo.

△ Los hermanos de Salva le han dejado sin nada de lo de sus padres.

○ Eso es una **cosa propia de marranos**, ¿no te parece?

△ ¿Te acuerdas del logotipo de Amnistía Internacional?

○ Sí, una vela rodeada de **algo de alambres**.

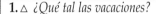

3. Aquí tienes una serie de expresiones que se usan mucho en la lengua hablada. Elige la opción que exprese su significado.

1. △ ¿Qué tal las vacaciones?

○ Una **gozada**.

  a. Lo he pasado muy bien.

  b. He gastado mucho dinero.

2. △ ¿Has visto el coche que se ha comprado?

○ Sí, es una **pasada**.

  a. El coche les parece vulgar.

  b. El coche les gusta mucho.

3. △ ¿Qué le parecen esas **pintadas**?

○ Exageradas, la verdad.

  a. Esos cuadros grandes.

  b. Escritos en la pared.

4. △ ¿Qué opinas de lo de las papeleras?

○ Que es una **gamberrada**.

  a. Han destrozado las papeleras.

  b. Han colocado unas muy originales.

UN PASO MÁS

FICHA TÉCNICA:
FAMILIA
Director: Fernando León
Guión: Fernando León
Fecha: 1997

¿Os gustaría tener una familia a vuestra medida? ¿Elegir a cada uno de sus miembros?

La escena que presentamos a continuación parece un día normal en la vida de una familia, pero hay que seguir más adelante para averiguar lo que no encaja.

El padre llega al salón, donde todos le están esperando.

PADRE - ¡Qué novedad! Todos juntos.

MADRE - *(Sirviendo café)* Ten cuidado, está caliente.

P.- ¿No saliste anoche?

HIJO MAYOR - Me quedé estudiando.

P.- *(Hablando al hijo pequeño)* Y tú, ¿qué? ¿No te dan galletas de coco? ¿Por qué no le dais galletas de coco?

M.- Porque engordan.

P.- Pero si ya está gordo, ¿qué más da?

M.- Cada día dices una cosa. El caso es llevarme la contraria.

HIJO PEQUEÑO - Yo no estoy gordo.

M.- Di que no, que estás muy bien. *(Hablando con la hija).* Sácale las galletas a tu hermano, anda.

HIJA - ¿Y por qué no las coge él? Que esté gordo no quiere decir que sea paralítico.

H. P.- ¡Yo no estoy gordo!

P.- Y tú, ¿a qué hora llegaste? No te oí entrar.

HIJA - No sé, pronto, a las 3, o las 3.30.

M.- ¿Te trajo Rafa?

P.- ¿Quién es Rafa?

H.- Uno de clase.

H.M.- Su novio.

H.- **De eso, nada.**

P.- ¿Tienes novio?

H.- ¡Que no, es sólo un amigo!

H.M.- Si te trae a casa, será por algo, ¿no?

H.- Porque tiene coche.

P.- Tráetelo un día a casa y así lo conocemos.

H.- Si no hay nada que conocer.

P.- ¡Cómo que no! Lo normal, cuando uno se echa novia, es ir a conocer a los padres.

M.- Teníais que haber visto a papá el primer día, cuando vino a buscarme, con regalos para los abuelos **y todo**.

P.- ¡Como tiene que ser!

M.- Se puso tan nervioso que le dio la caja de puros a mi madre y los bombones al abuelo.

P.- No sé de qué os reís. Desde entonces la abuela fuma puros.

P.- He dormido fatal. No sé qué me pasaba ayer, que estaba desvelado.

H.- Será la conciencia.

P.- ¿Y eso? ¿Por qué la conciencia?

H.- No sé, por nada, se dice, ¿no?

P.- ¿Desde cuándo?

H.- ¿No lo habéis oído nunca? Cuando alguien dice que no puede dormir, se le dice eso, pero no por nada, vamos.

P.- ¿Rafa lo dice?

H.- Es una frase hecha; tampoco es para ponerse así. *(Se levanta y se va a la cocina).*

P.- ¿Qué pasa?

M.- Nada, ¿por?

P.- ¿Seguro? Aquí pasa algo raro.

M.- ¡Y dale! ¿Qué va a pasar?

P.- No sé, no sé, pero algo pasa. *(Madre e hija en la cocina).*

M.- **¿A qué viene eso?**

H.- A nada. Es una expresión.

M.- ¿Qué, quieres liarla o qué? *(Ambas van al salón con paquetes).*

M.- Abrid sitio.

TODOS: ¡Felicidades, papá!

P.- Ya decía yo que algo pasaba.

De eso, nada: negación enfática de la afirmación hecha por nuestro interlocutor.

1. Vamos a fijarnos en algunas expresiones que han aparecido en el fragmento dialogado:

1. *Con regalos para los abuelos **y todo**.*	**FRASE + Y TODO**	*Para enfatizar algo extraordinario.*
2. *Aquí pasa algo raro. ¡Y dale!*	**¡Y DALE!**	*Para mostrar que nuestro interlocutor insiste en algo que ya se ha aclarado.*
3. *¿Qué va a pasar?*	**¿QUÉ/QUIÉN...+ IR A** (EN PRESENTE O IMPERFECTO) **+ INFINITIVO?**	*Para responder a una pregunta cuya respuesta es obvia.*
4. *¿A qué viene eso?*	**¿A QUÉ VIENE + SUST. / PRON. / INFINITIVO?**	*Para preguntar la razón de algo que ha dicho o hecho nuestro interlocutor y que no entendemos.*

2. Quieres enfatizar los detalles que han tenido contigo:

△ *¡Qué bien nos recibieron en su casa!*
○ *Sí, nos invitaron a dormir **y todo**.*

1. △ ¿Te regalaron muchas cosas por tu cumpleaños?

○ ....

2. △ Este chico es muy amable, ¿verdad?

○ ....

3. ¡Qué pesada puede ser la gente! ¿Verdad?

△ *¿Qué me pongo para la fiesta?*
○ *¡Y dale! ¿No te dicho que lo que quieras?*

1. △ ¿A qué hora comemos?

○ ....

2. △ ¿Tú crees que lo he hecho bien?

○ ....

4. A veces preguntan cosas que son tan obvias...

△ *¿Quién te ha dicho que van a despedir a gente?*
○ *¿Quién va a ser? El "enterado" de Lorenzo.*

1. △ ¿Qué ha dicho tu padre de la caja de puros?

○ ....

2. △ *(La mujer está en casa sola y oye la puerta de la calle)* Cariño, ¿eres tú?

○ ....

5. Nosotros también preguntamos, sorprendidos ante lo que nos dicen o nos hacen:

△ *He decidido que no me presento a los exámenes.*
○ *¿A qué viene esa decisión tan... absurda?*

1. △ Me voy del trabajo, se acabó.

○ ....

2. △ Yo no vuelvo a ir a casa de los abuelos.

○ ....

AHORA YA SABES

FUNCIONES	GRAMÁTICA	
· Describir y caracterizar. · Expresar estados. · Comparar un estado actual con otro momento. · Expresar transformaciones.	· Usos fijos de Ser y Estar. · Preposiciones para definir y caracterizar: CON y DE. · Frases hechas para definir y caracterizar. · Y TODO.	Y DALE ¿A QUÉ VIENE...? ¿QUÉ / QUIÉN VA / IBA A + INFINTIVO? SUFIJOS -ADO, -ADA y sus valores.

UNIDAD 13

AQUÍ SE VIVE MEJOR

PRETEXTO

SOMOS LA REPERA.

Es bien sabido que Dios siente auténtica debilidad por España, que somos, como quien dice, **su ojito derecho**, un capricho cósmico, la mismísima **guinda** de la Creación. Por su Divina Providencia (…) nuestra patria fue colocada en el centro del mundo; el mejor sitio, al decir de los tratadistas, dado que aquí no hace mucho frío, ni mucho calor, el cielo es francamente azul, el sol resulta particularmente brillante y los campos dan trigo, aceite, vino y miel. Tanto es así que se ha llegado a especular, y no sin cierto fundamento, con el hecho de que el Paraíso Terrenal estuviese realmente ubicado por estos lares. Y **no es para menos**, pues en cualquiera de sus facetas este país **resulta la** genuina **repera**.

ANDRÉS SOPEÑA MONSALVE, *La morena de mi copla.*

1. **Vamos a averiguar el significado de algunas expresiones. Relaciona los elementos de las dos columnas.**

a. Ser el ojito derecho de alguien.
b. Ser la guinda de algo.
c. No ser para menos.
d. Resultar la repera.

1. Resultar lógica una reacción, incluso exagerada.
2. Ser especial, único, diferente.
3. Ser el / la preferido / a de alguien.
4. Ser increíble, fuera de lo normal.

2. **Y ahora vamos a definir algunos comportamientos. ¿En cuál de estos casos usarías las expresiones anteriores?**

△ A Alicia le han dado el premio nacional de investigación, ¿lo sabías?

○ Sí, y (1) .... porque Alicia (2) ....

△ ¿Por qué lo dices?

○ Es obvio, ¿no? Porque es una buena persona, agradable, guapa y aunque (3) ....
.... todos los profesores, siempre ha estudiado de una forma responsable.
Vamos, que es una **tía guay**.

△ O sea, que este premio (4) .... su carrera.

○ Eso es, y yo me alegro mucho por ella, se lo merece.

Tía guay (col.): chica estupenda.

13

COTILLEOS

EL PRÍNCIPE DE ASTURIAS

Presidió la gala de entrega de los premios "Amigo" 1998.

Los beneficios económicos generados por las entradas serán entregados a Médicos del Mundo, Intermón y Afanias, tres conocidas ONGs.

Fueron premiados los cantantes Manolo García, Mónica Naranjo, Niña Pastori y Malú.

Al "corazón partío" de Alejandro Sanz le fue concedido un trofeo para premiar con ello toda su trayectoria profesional. Pero, sin duda, el gran triunfador de esta gala fue el cubano Pancho Céspedes.

EL TÍTULO DE "MISS MUNDO" SE VA A ISRAEL

En un certamen celebrado en las islas Seychelles, y entre 86 aspirantes al título, "Miss Israel", una estudiante de Periodismo de 19 años, fue elegida la mujer más bella del mundo.

NOTICIAS

PADRE COR...

Haciéndose pasar por un miembro de la banda, el padre del muchacho asesinado a puñaladas hace dos años, consigue reunir pruebas suficientes para entregar a los asesinos de su hijo a la policía.

Secuestrada por amor a las puertas del siglo XXI.

En un Congreso de expertos en nutrición se elige la dieta mediterránea como la mejor de las dietas posibles y se propone sustituir la mantequilla y otros tipos de grasas por el aceite de oliva.

3. No todas estas noticias y cotilleos son verdaderos. ¿Sabrías explicar a tu compañero(a) cuáles son falsos y por qué?

4. Y, ahora, queremos saber vuestra opinión.

¿Qué te parece la moda de que las marcas más famosas entreguen una parte de sus beneficios a causas humanitarias?

¿Qué opinas de los concursos de belleza?

¿Qué serías capaz de hacer por amor?

GRAMÁTICA ¡VAMOS A REFLEXIONAR!

Aquí tienes algunas construcciones con *ser / estar + participio*.
¿Puedes decirnos cuáles son pasivas y cuáles no?

> **a.** Trabajar muchas horas de pie *es muy cansado*.
> **b.** Alfonso *fue expulsado* del colegio por mal comportamiento.
> **c.** Mira qué guapo es el chico que *está sentado* allí, al fondo.
> **d.** En tiempos de Franco *estaba prohibido* el divorcio.

CONSTRUCCIONES PASIVAS CON SER Y ESTAR

En general:

* Para construir frases pasivas necesitamos verbos transitivos (con objeto directo).

* Los participios concuerdan en género y número con el sujeto pasivo.

CON SER

- Expresan una acción o un proceso.
- Lo realmente pasivo es el sujeto que no realiza la acción.
- Las usamos cuando estamos más interesados en el objeto o en el verbo, que en el agente:
  > △ *¿Qué ha pasado con los dos ex ministros?*
  > ○ *Que **han sido condenados** por prevaricación.*

- Las usamos cuando desconocemos el agente de la acción o no queremos mencionarlo:
  > △ *Y ahora, ¿qué va a pasar?*
  > ○ *No se preocupen, señores, **el dinero les será devuelto** en ventanilla.*

- Cuando el complemento que hemos convertido en sujeto pasivo ya ha sido mencionado antes; de esta forma se evita romper con lo que se está diciendo:
  > △ *Veamos a continuación **el laboratorio, que ha sido renovado** totalmente, con la ayuda de nuestros ex alumnos.*
  > ○ *¡Qué maravilla!*

SER + participio expresa costumbre o acción que está ocurriendo en el momento de hablar.
> – *Los derechos de autor normalmente **son abonados** entre enero y marzo.*
> – *Señores oyentes: en este momento el astronauta español Pedro Duque y sus compañeros **son recibidos** por el presidente del Gobierno.*

CON ESTAR

- Expresan el resultado de una acción anterior:
  > △ ***Estamos salvados**, nos han concedido el crédito.*
  > ○ *Menos mal.*

- No suele expresarse el agente, excepto si sigue provocando el resultado:
  > △ *Yo no pienso declarar en el juicio.*
  > ○ *No debe preocuparse, los testigos **están protegidos por** la ley.*

- **Estar** expresa la duración del resultado; informa del estado actual del sujeto:
  - △ *¡Oiga!* **Está prohibido** *hacer barbacoas en el jardín, desde el año pasado.*
  - ○ *Pues deberían haber puesto una nota advirtiéndolo.*

> **A veces *estar* prefiere el adjetivo en lugar del participio:**
> **Estar *limpio*** (no limpiado); **estar *muerto*** (no matado); **estar *harto***
> (no hartado); **estar *sucio*** (no ensuciado); **estar *lleno*** (no llenado);
> **estar *vacío*** (no vaciado); **estar *desnudo*** (no desnudado).

RECURSOS PARA EVITAR LA PASIVA

La pasiva, sobre todo con **ser**, es un recurso periodístico y literario.

- Anteponer el objeto directo al verbo y repetirlo con el pronombre correspondiente:
  - – *A los dos ex ministros los condenaron por prevaricación.*
  - – *No, no se pueden **hacer barbacoas, lo** prohibieron el año pasado.*

- Construir la frase con el pronombre **se** + verbo en activa:
  - – *Se **condenó** a los ex ministros por prevaricación.*
  - – *No, no se pueden hacer barbacoas, **se prohibió** el año pasado.*

NO EXPRESAR EL SUJETO

- Hemos visto que la pasiva resulta útil cuando no queremos o no podemos expresar quién realiza la acción:
  - – *Los ministros **fueron condenados** (no sabemos o no queremos decir quién los condenó).*

- Se + verbo en activa tiene la misma función, sobre todo cuando:
  - · El c. directo es de persona: – *Se **condenó** a los ex ministros.*
  - · Introducimos un infinitivo: – *Se **prohibió** hacer barbacoas.*

- Cuando queremos decir algo con carácter general y excluimos al interlocutor y nos excluimos nosotros mismos, usamos el verbo en 3ª persona del plural:
  - △ ***Han abierto*** *un nuevo supermercado al lado de casa.*
  - ○ *¿Otro? Madre mía, ¿cuándo **van a parar**?*
  - △ *En ese restaurante **sirven** el mejor pescado de la costa.*
  - ○ *No está mal, pero hay otros mejores.*

- Cuando queremos decir algo con carácter general, o aludir indirectamente a nosotros mismos y al mismo tiempo incluir al interlocutor, usamos el verbo en 2ª persona de singular:
  - △ *Cuando **viajas** en grupo, **tienes** que hacer cosas que no siempre **te** apetecen.*
  - ○ *Es verdad, por eso no me gustan esos viajes.*

  - △ *Estoy harto, **te matas** a trabajar y nadie **te** lo reconoce.*
  - ○ *Pero, ¡qué exagerado eres!*

VAMOS A PRACTICAR

1. Aquí tienes una serie de datos sobre España y América, que pueden resultarte útiles.
Completa con una forma correcta de SER o ESTAR.

> **1.** La primera Constitución española .... aprobada en 1812, en Cádiz y .... conocida entre la gente como *La Pepa*. Nuestra Constitución actual .... **refrendada** por los españoles en diciembre de 1978. No obstante, hay que decir que, hasta la fecha, no .... **acatada** por todos los partidos políticos.

> **2.** Y ahora nos vamos a América. En Mesoamérica floreció una de las culturas más asombrosas de la historia de la humanidad: la civilización maya, que tenía una escritura jeroglífica que .... compuesta por más de 700 signos. También tenían un sistema de medir el tiempo casi perfecto, hasta tal punto que el final del mundo .... anunciado por sus sabios para el año 2020.

> **3.** Una información que puede llenar de satisfacción a los amantes de lo hispano: el Premio Nobel de Literatura .... concedido a más escritores de los que solemos recordar. Ahora os damos una lista. España .... representada por: José Echegaray, Jacinto Benavente, Juan Ramón Jiménez, Vicente Aleixandre y Camilo José Cela. Los escritores americanos que .... **galardonados** son: Gabriela Mistral y Pablo Neruda (Chile); Miguel Ángel Asturias (Guatemala); Gabriel García Márquez (Colombia) y Octavio Paz (México). Después de leer esta lista, no podemos por menos que decir que las mujeres no .... muy tenidas en cuenta a la hora de .... premiadas.

GLOSARIO

Refrendar: aprobar algo ya aceptado.
Acatar: obedecer.
Galardonar: premiar.

2. Hemos dicho que la pasiva se usa más en la prensa que en la lengua hablada.
Aquí tienes una serie de diálogos. Trata de reconstruir la noticia dada en el periódico, usando la pasiva con SER o ESTAR.

1. △ *¿Has leído lo del crimen del rol?*
○ *Sí, es horrible. Por lo visto,* **al pobre hombre lo asesinaron** *a sangre fría.*

    Noticia: ....

2. △ *¿Sabes lo que está pasando en el Tour de Francia?*
○ *No, es que no me interesa el ciclismo.*
△ *Pero es que esto es muy gordo:* **han culpado** *de dopaje* **a los entrenadores** *y* **a varios corredores** *de dos equipos.*

    Noticia: ....

3. △ *¡Vaya historia la de las monjas de Guadalajara!*
○ *¿Qué historia? ¿Qué monjas? No sé nada.*
△ *Pues por lo visto, tienen en el convento unas obras de arte que alguien quiere trasladar a un museo importante. Ellas dicen que las obras son del convento y amenazan con esconderlas. Por eso* **vigilan a las monjas.**

    Noticia: ....

3. Aquí tienes unas noticias en las que se utiliza la voz pasiva. ¿Puedes transformarlas tratando de evitarla?

Un muchacho chino de 15 años, preguntado por sus opiniones sobre España, dice, entre otras cosas, que en su país los padres *son más respetados* que aquí y se enfada cuando oye decir que los chinos *son considerados exóticos por los españoles*.

La calle por la que pasará la comitiva oficial *está vigilada* constantemente desde la semana pasada *por policías nacionales*, para evitar cualquier posible atentado.

Los emigrantes ilegales *fueron detenidos y enviados* de vuelta a sus países de origen. Muchas organizaciones humanitarias están en contra de este comportamiento, que *es defendido por la mayoría* de los países desarrollados.

4. Esta gente no quiere decir o no sabe quién es el /la responsable de las cosas que cuentan. Completa con una construcción impersonal según el contexto.

1. *A mí, en el colegio, me (llamar) .... Manolito Gafotas y a mí me gusta que me (llamar) .... así, porque en mi colegio, que es el "Diego Velázquez", todo el mundo que es un poco importante tiene* **un mote**. *Me (poner) .... Manolito por el camión de mi padre y al camión le (poner) .... Manolito por mi padre, que se llama Manolo.*

   △ Oye, ¿qué es eso que acabas de leer?
   ○ Una adaptación de un cuento de Elvira Lindo.

2. △ ¡Qué injusta es la vida! (Pasar) .... horas y horas trabajando sin protestar, para que luego el último que llega (quitar) .... el puesto que (esperar) ....
   ○ Sí, pero no creas que eso ocurre sólo aquí, parece ser una regla general.

3. En España, a pesar de la Unión Europea, (seguir) .... desayunando poco, (mantener) .... el aperitivo, (almorzar) .... fuerte, excepto, claro, si (trabajar) .... lejos de casa y (comer) .... deprisa y corriendo en restaurantes donde (servir) .... comidas poco equilibradas. La cena, quizá, es lo que más han cambiado: no es tan abundante como antes, salvo cuando (salir) .... con amigos los fines de semana. Entonces, la mayoría **nos ponemos morados**.

4. △ ¿Por qué te has cortado el pelo?
   ○ Porque en este trabajo no (apreciar) .... mucho a los melenudos .
   △ Pero no te (obligar) .... a cortártelo, ¿verdad?
   ○ No, hombre, no. No me (decir) .... nada abiertamente, pero "a buen entendedor..."

> **Un mote:** un sobrenombre.
> **Ponerse morados(as):** comer muchísimo.

5. Y tú, ¿qué opinas?

© QUINO/QUIPOS

· Lee lo que dice Susanita y dinos qué opina sobre el racismo y cómo lo expresa.
· Mafalda no habla, pero también expresa su opinión, ¿cuál es?
· ¿Y la tuya? Se abre el debate.

6. Sandra Cisneros nos presenta su punto de vista sobre la integración o no a través del idioma. Leed estos fragmentos y después comentad vuestras impresiones.

* ¿Por qué no quiere salir?
* ¿Por qué no quiere hablar inglés?
* Y tú, ¿podrías vivir para siempre en otro país? Argumenta tu respuesta.

Mamacita es la mamá grande del hombre del otro lado de la calle, el del tercer piso de la parte delantera. Rachel dice que debería llamarse mamasota, pero a mí me parece cruel.

El hombre ahorró todo su dinero para traerla. Ahorró sin parar porque ella estaba sola con el crío en aquel país. Él tenía dos empleos. Volvía tarde a casa y se iba pronto. Cada día.

Entonces, un día llegaron Mamacita y el crío en un taxi amarillo. La puerta del taxi se abrió como el brazo de un camarero. (…) El hombre tuvo que tirar de ella mientras el taxista empujaba. Tirar, empujar. Tirar, empujar. ¡Pumba! (…)

Subió escaleras arriba, arriba, con el crío envuelto en una manta, mientras el hombre cargaba las maletas, sus cajas de sombreros color lavanda y una docena de cajas de zapatos de satén de tacón alto. No volvimos a verla.

Unos dicen que es porque está demasiado gorda; otros, que es por los tres tramos de escalones, pero yo creo que no sale porque le da miedo hablar inglés y tal vez sea eso, porque sólo sabe ocho palabras. (…)

A veces el hombre se enfada. Empieza a gritar y se le oye desde la otra punta de la calle.

(…) *¡Ay, caray! Estamos en casa. Esto es nuestro hogar. Aquí estoy y aquí me quedo. Habla inglés. Habla inglés. ¡Por Dios!*

¡Ay, mamacita, que no pertenece a este mundo!

(…) Y luego, para romperle el corazón para siempre, el crío (que ya ha empezado a hablar) se pone a cantar el anuncio de Pepsi que ha oído por la tele.

No speak english, le dice ella al crío, que canta en un idioma que suena a hojalata. *No speak english, no speak english*, y le suben burbujas a los ojos. *No, no, no*, como si no pudiera creer lo que está oyendo.

SANDRA CISNEROS, *Una casa en Mango street.*

 7. Ahora, resume las opiniones de todas estas personas. Después, di con cuál te identificas más y por qué.

SE DICE ASÍ Y ASÍ SE ESCRIBE

1. Aquí tienes algunas expresiones que conoces, ¿pero reconoces su significado en estas frases?

(Por teléfono)   SIGNIFICAN:

1. △ ¿Francisco? Soy Pepe, el coche *me ha dejado tirado* en la carretera de
    Monda, así que tendré que buscarme un sitio donde dormir esta noche.   ....

○ *Ni mucho menos*, dime exactamente dónde estás, que voy *para allá*   ....
    en seguida.

2. △ He decidido que voy a dejar los estudios y me voy a buscar un trabajo.
    ○ A mí no me parece bien, pero *allá tú*.   ....

3. △ ¿Puedes prestarme 300 euros? En cuanto cobre, te los devuelvo.
    ○ ¡300 euros, *nada menos*! ¡Chica, qué moderna!   ....

4. △ ¡Cómo! ¿Que no te gusta Leonardo di Caprio? ¡Pero si es guapísimo!
    ○ ¡Chica! Guapísimo *y todo*, a mí no me gusta; para gustos están los   ....
    colores, ¿no?

5. △ ¿No te parece que un sofá de 1.500 euros es un poco caro?
    ○ No sé qué decirte. *Después de todo*, un sofá no es algo que se cambie   ....
    todos los días.

6. △ Has venido *precisamente* cuando te necesitaba.   ....
    ○ Pues ¡mira qué bien!

7. △ Deja de hablar mal de Dolores, lo que pasa es que le tienes envidia.
    ○ ¿Envidia yo? Si *precisamente* me ofrecieron a mí ese puesto antes   ....
    que a ella.

> **Me ha dejado tirado:** se ha estropeado y no funciona.

2. Ahora, usa las expresiones que creas necesarias:

1. △ No te comas las lentejas, que están un poco saladas.   **a. Ni mucho menos.**
    ○ Saladas ...., me las he comido, y me han parecido riquísimas.
                                                                                                                            b. Precisamente.
2. △ ¡Hay que ver cómo se ha puesto Emilio! Se ha ido con una cara…
    ○ Pues no sé por qué, ... sólo le he dicho la verdad.   **c. Después de todo.**

3. △ Si no queréis hacerme caso, ... Pero que conste que sería mejor   **d. Allá tú.**
    ir en avión.
    ○ Deja de protestar, ¡hombre! .... ahora íbamos a reservar los   **e. Para allá.**
    billetes.
                                                                                                                            f. … y todo.
4. △ ¡Mirad quién ha venido! .... que el señor ministro en persona.
    ○ Bueno, bueno, chicos, menos guasa, ¿eh?   **g. Me ha dejado tirado.**
    △ ¿Guasa? ...., sólo es respeto.
                                                                                                                            h. … nada menos.

UN PASO MÁS

FICHA TÉCNICA:
COMO AGUA PARA
CHOCOLATE
Director: Alonso Arau
Guión: Laura Esquivel
Fecha: 1992

1. Vamos un leer un fragmento del guión cinematográfico de la película. A veces las relaciones entre madre e hija no se basan precisamente en el cariño; aquí tenéis un ejemplo:

Tita, la hija pequeña de Mamá Elena, está destinada - por ser la menor - a cuidar a su madre sin poder casarse ni hacer su propia vida, según una tradición familiar de generaciones. En la escena encontramos a Mamá Elena y a Tita. La primera va a bañarse, mientras Tita plancha su ropa interior.

MAMÁ ELENA: ¡Ay, Tita! El agua está demasiado
       fría. **Parece mentira que no hayas aprendido**
       nada en tantos años.
       (Tita le echa agua con una palangana).

M.E.- Trae, dámela a mí.
       (Tita deshace la trenza de su madre para poder
       lavarle el pelo).

M.E.- La toalla. **¿Qué quieres, que me quede aquí**
       hasta que me arrugue?
       (Tita le da la toalla).

M.E.- ¿Qué pasa con el **fondo**?

TITA: *(Asustadísima):* Se me quemó, mami.

M.E.- Pero, ¿en qué estás pensando, **escuincla babosa**? Ya deja las lágrimas para cuando
       me muera y pásame mi **fondo** sucio, **no me vaya a resfriar**.

M.E.- **Abriste** mucho la puerta, **¿qué quieres, matarme** de una pulmonía?

TITA: No.
       (Tita peina a su madre).

M.E.- Me estás **jalando**. ¡Ay, ya déjame y vete a la cocina a terminar el chorizo!

AMERICANISMOS

El fondo: especie de enagua que se ponía en contacto directo con la piel antes de cualquier otra ropa interior.

Escuincla: perra callejera.

Jalar: tirar del pelo; arrastrar algo.

Abriste: en América es más corriente el uso del pretérito simple, en lugar del pretérito perfecto.

2. Vamos a fijarnos en algunas expresiones que han aparecido en el fragmento anterior.

1. *Parece mentira que no hayas aprendido nada.*	**Parece mentira que + SUBJUNTIVO**	*Para reprochar con incredulidad una actitud.*
2. *¿Qué quieres, que me quede aquí/ matarme?*	**¿Qué quiere(s), que + SUBJUNTIVO (con distinto sujeto) ¿qué quiere(s), + INF. (mismo sujeto)**	*Pregunta que critica o rechaza las intenciones del otro.*
3. *No me vaya a resfriar.*	**No vaya / vayas / vayamos ... a + INF. / No vaya a ser que + SUBJ.**	*Para prevenir una posibilidad no deseada.*

3. Quieres reprochar algunas cosas que te parecen increíbles.

△ *Seguro que, cuando nos casemos, Pepe cambiará y dejará de beber.*
○ *¿Pepe? ¿Cambiar? **Parece mentira que**, a tus años, **seas** tan ingenua.*

1. El médico le ha recomendado a tu madre/padre hacer una dieta estricta y un poco de ejercicio físico porque ha tenido un infarto, pero no hace caso.
2. Tu amigo(a) es una persona moderna, independiente, sin defectos físicos graves, pero no sabe conducir.
3. Los seres humanos, en general, repiten los mismos errores, no aprenden de ellos.

4. No te gustan nada las ideas de tu compañero(a); manifiéstaselo.

△ *Fíjate todo el trabajo que tengo, no sé si lo voy a terminar a tiempo.*
○ *¿**Qué quieres**, **ganar** todo lo que ganas sin trabajar?*

1. △ ¿Por qué no subes un poco más la calefacción?
○ ¿..................... , ...?
2. △ ¿Le has dicho a Wendy lo que opinas de la actitud de su marido?
○ ¿...................., ...? Ni hablar, cada uno en su casa y Dios en la de todos.
3. △ Estudiar, estudiar, siempre estudiar, ¡estoy harto(a)!
○ ¿Y ...., ...? Eso no creo que lo consigas.

5. A veces la gente no es muy precavida, pero tú, sí; demuéstralo.

△ *¿Vas a salir ahora? Pues abrígate, **no vayas a pillar** una pulmonía.*
○ *Pero si casi no hace frío, ¡cómo se nota que vives en el sur!*

1. Estáis en un atasco tremendo. Recuerdas a tu compañero(a) que vuestros amigos no saben lo que pasa y os están esperando.
2. Tenéis unos vecinos que siempre protestan por algo; a tu compañero(a) le gusta oír la música muy alta, pero... ¿y los vecinos?
3. Unos amigos que tienen muy mala memoria van a traer el vino para la cena. ¿Y si se les olvida?

AHORA YA SABES

FUNCIONES

· No expresar el sujeto.
· Enfatizar la acción.
· Reprochar con incredulidad la actitud del otro.
· Criticar o rechazar las intenciones del otro.
· Prevenir/evitar una posibilidad no deseada.

GRAMÁTICA

· La pasiva con **ser** y **estar**.
· Recursos para evitar la pasiva:
 - anteponer el c. directo
 - construcciones con se + verbo en activa
· Otras construcciones impersonales:
 - 3ª persona de plural.
 - 2ª persona de singular.
 - SE + verbo en singular.
· PARECE MENTIRA QUE+ subjuntivo.
· ¿QUÉ QUIERES, QUE...?
· NO VAYA A + infinitivo.
· Algunas construcciones adverbiales.

UNIDAD **14**

¡YO NO HE DICHO ESO!

PRETEXTO

Zoquete y **zopenco,** son dos insultos invariables en cuanto a al género.

1. Vas a establecer una batalla dialéctica con tu compañero(a). Tenéis que poner imaginación y mucho buen humor. Cada uno(a) tiene que decir que tiene o hace algo, más o mejor que el otro(a). Por ejemplo:

    △ Yo soy más rubio(a) que tú.
    ○ Sí, pero yo soy el/la más alto(a) de la clase.
    △ ¿Y qué? Pero …

RECETA DEL NOYÓ

¡Nada más eso **le** faltaba! Que Paquita Lobo pensara que estaba borracha. No podía permitir que **le** quedara la menor duda o se exponía a que fuera a llevar**le** el chisme a su mamá. El terror a su madre la hizo olvidar**se** por un momento de la presencia de Pedro y trató por todos los medios de convencer a Paquita de la lucidez de su pensamiento y de su agilidad mental. Platicó con ella de algunos chismes y bagatelas. Inclusive **le** proporcionó la receta del Noyó, que tanto **le** inquietaba. Este licor **se** fabrica poniendo cuatro onzas de almendra de albérchigo y media libra de almendras de albaricoque en una azumbre de agua, por veinticuatro horas, para que aflojen la piel; luego **se** pelan, **se** quebrantan y **se** ponen en infusión en dos azumbres de aguardiente, por quince días. Después se procede a la destilación. Cuando **se** han desleído perfectamente dos libras y media de azúcar quebrantada en el agua y **se le** añaden cuatro onzas de flor de naranja, **se** forma la mezcla y **se** filtra. Y para que no quedara ninguna duda referente a su salud física y mental, **le** recordó a Paquita, así como de refilón, que la equivalencia del azumbre es 2.016 litros, ni más ni menos.

LAURA ESQUIVEL, *Como agua para chocolate.*

GLOSARIO

Bagatelas: cosas sin importancia.	**Quebrantar:** machacar.
Azumbre: medida árabe para líquidos.	**Onza:** medida de peso (28,7gr.).
Desleír: disolver.	**De refilón:** de pasada.

---

2. Fíjate en los pronombres destacados. Trata de clasificarlos según estos criterios:

· Complementos indirectos que van con verbos tipo *gustar*:

....

· Complementos indirectos que repiten el complemento que ya está en la frase:

....

· Construcciones impersonales con *se*:

....

· Construcciones con *se* con un sujeto de cosa:

....

¿Puedes tú también dar una receta tradicional de tu país?

GRAMÁTICA ¡VAMOS A REFLEXIONAR!

SOBRE RESPONSABILIDADES Y ÉNFASIS: EL SUJETO.

En español, en general, no usamos el pronombre sujeto. Pero, a veces, cuando no lo usamos, ocurren cosas extrañas. Fíjate y dinos:

· ¿En qué frase(s) se produce confusión de persona (1ª y 3ª de singular)?
· ¿En qué frase(s) necesitaríamos contrastar un sujeto con los demás?
· ¿En qué frase(s) podríamos dar más énfasis a lo que se dice?

a. (Hablando a un grupo)
△ *¿Alguien puede llevarle esto a Antonio?*
○ ***Puedo**, paso por delante de su casa.*

b. △ *He decidido dejar de estudiar y buscarme un trabajo.*
○ ***Sabrás** lo que quieres.*

c. △ *Nosotros vamos juntos a la conferencia, ¿qué hacéis Pedro y tú?*
○ ***Debería ir**, pero no tengo muchas ganas.*

d. △ *¿Me has llamado incompetente?*
○ *No hombre, no. Sólo **he dicho** que tienes que poner más atención.*

e. △ *¿Quién de vosotros está de acuerdo con esta propuesta?*
○ ***No.***

f. △ *¿Cómo vamos a conseguir terminar todo esto a tiempo?*
○ ***Ocúpate** de lo tuyo, que **me ocuparé** de lo mío.*

Por lo tanto, podemos decir que el sujeto es necesario en español:

1. Para saber qué persona realiza la acción (identificación) y evitar confusión o ambigüedad.
c. △ *Yo debería ir, pero…*

2. Para destacar el sujeto entre todos los posibles.
a. △ *Yo puedo…*

3. Para dar énfasis a lo dicho o responsabilizar sólo al sujeto.
d. △ *Yo sólo he dicho…*

b. △ *Tú sabrás…*

4. Para dar órdenes, consejos, sugerencias, sobre todo en contraste con otros sujetos.
f. △ *Tú, ocúpate…, que yo me ocuparé…*

5. Cuando no hay verbo y se quiere establecer un contraste con los demás sujetos posibles.
e. △ *Nosotros, no.*

SOBRE ÉNFASIS Y MATIZACIONES: ANTEPOSICIÓN DE LOS COMPLEMENTOS.

En general, lo que va en primer lugar en una frase es lo que queremos destacar. Normalmente, en esa posición va el sujeto. A veces encontramos otras palabras, como el complemento directo o el indirecto, colocados al principio de la frase o delante del verbo:

a. △ *¡Cuántos regalos te han hecho!*
○ *Sí, es que es mi cumpleaños. Mira, **estos pendientes me los** han regalado mis alumnos.*

b. △ *Habría que pedirles a los vecinos que hagan menos ruido por la noche.*
○ *¡Qué dices! A esos **animales** no **les** pido yo nada, que son capaces de cualquier cosa.*

c. △ *¿Sabéis? En "La Bahía" mañana tienen cocido como plato del día, ¿por qué no vamos?*
○ *Vosotros haced lo que queráis, pero yo no voy: ¡odio el cocido!*
□ *Pues **a mí me** encanta, así que cuenta conmigo.*
△ *Y a **mí**.*

d. △ *Perdona, Isabel, ¿podrías explicar otra vez la pasiva?*
○ *Pero, Mattias, la pasiva la explicamos hace una semana y el viernes nos toca repaso, ¿no puedes esperar?*

Fíjate en lo que ha pasado:

1• Cuando anteponemos los complementos directo e indirecto tenemos que repetirlos con un pronombre.

   a. △ *Estos pendientes me los han regalado…*

2• Cuando tenemos a + *pronombre tónico*, es obligatorio repetirlo siempre, aunque no esté antepuesto. Excepción: si no sigue un verbo.

   c. △ *A mí me encanta…*
     ○ *Y a mí.*

3• El complemento indirecto suele repetirse en español, esté donde esté.

   b. △ *Habría que pedirles a los vecinos…*

Anteponemos los complementos:

- para enfatizar un elemento o establecer un contraste;

- para destacar un elemento dentro de un grupo;

- para evitar la pasiva.

SOBRE GENERALIZACIONES, INSTRUCCIONES E INVOLUNTARIEDAD: SE.

SE + VERBO EN 3ª PERSONA DE SINGULAR O PLURAL + SUSTANTIVO EN SINGULAR O PLURAL.

1• Cuando queremos dar instrucciones con carácter general:
  △ *Para hacer un buen cocido **los garbanzos se dejan** la noche antes en remojo.*
  ○ *Pero, y si no se ponen la noche antes, ¿qué pasa?*
    (Hablando con un niño)
  △ *Niño, **eso no se dice, eso no se hace, eso no se toca.***

2• Cuando no queremos expresar quién es el responsable de la acción:
  △ *Creo que Leo está enamorado de mí.*
  ○ *¿Te lo ha dicho él?*
  △ *No, pero **esas cosas se saben, se sienten**, no hace falta que te lo digan.*

3• Cuando queremos decir que no somos responsables de un accidente, o que algo ha ocurrido contra nuestra voluntad:
  △ *¿Qué ha pasado aquí?*
  ○ *Que **ese vaso se ha caído y se ha roto.***

SOBRE FALSOS SUJETOS, LA POSESIÓN Y EL INTERÉS: EL C. INDIRECTO.

1. △ *¿Por qué no has hecho los deberes de hoy?*
  ○ *Es que **se me olvidaron los libros** aquí.*

2. △ *Mar, no **me tires esos papeles**, que los necesito.*
  ○ *No pensaba **tirártelos**.*

3. △ *Chicos, no **me confundáis** por y para, ¿eh?*
  ○ *Pero, Concha, eso es imposible, por mucho que te empeñes.*

• Cuando no admitimos la responsabilidad total de una acción.

• Para expresar que la cosa de la que hablamos pertenece a alguien.

• Para expresar nuestro interés personal en la acción.

VAMOS A PRACTICAR

1. Completa el texto de este cuento de Juan Madrid *(Cuentos del Asfalto)* con los pronombres que faltan:

△ Hay que dormir, Enrique, son las tres de la madrugada. No son horas para un niño.

○ Pero ¿cómo está Alex? - repitió.

△ Bien, ya .... he dicho. ...... envía besos.

○ ¿Y Juan?

△ Juan está bien. Pero tiene demasiado trabajo - dijo para sí misma. Luego habló en voz más alta, acariciándo............ la cabeza al niño -. .... tiene guardado un regalito.

○ ¿Qué es? ¡Vamos, di..... qué es! - gritó - ¿Sigue siendo policía?

La madre .... tomó en brazos.

△ Claro, hijo, será policía siempre. Di...... ¿...... gusta Juan?

○ Sí, ... gusta mucho. (...)

△ ¿...... gustaría vivir con él, Enrique?

○ Claro - dijo ...... - y con Alex. ¿Traerá la pistola?

△ Alex tendrá que estar con su madre - dijo en voz baja - No podrá estar con nosotros.

○ Ya ..... sé - dijo el niño - Pero ¿traerá su pistola?

△ Claro, hijo, claro. Entonces, ¿jugaste bien, mi amor?

○ Sí, ¿dónde fuiste?

△ Estuvimos en la comisaría, tenía guardia. Luego vino la mamá de Alex y .... llevó. .... pasó el tiempo hablando.

○ ¿Y cuándo ..... dijo lo del regalo? ¿...... ..... enseñó?

△ Sí, ... enseñó, pero no .... diré lo que es.

El niño se relamió los labios.

○ Es una tarta.

△ No, no es una tarta. Estaremos bien con él, ¿verdad, Enrique? Estaremos bien, ¿no es cierto?

○ Sí, sí, sí - dijo el muchacho abrazándo..... -. .... quiero estar contigo, mamá.

△ Claro que sí. Y .... también, Enrique.

Los dos se quedaron en silencio en el cuarto adornado sin lujo, pero limpio y apacible. La madre acunó al niño siguiendo un antiguo y viejo ritmo que ninguna mujer tiene necesidad de aprender. (…)

○ Creía que no venías, mamá.

△ Tonto.

○ Sí, creía que te habías quedado con Juan.

△ No seas tonto.

○ ¿Por qué tienes que estar tanto tiempo con Juan?

△ Creía que ..... gustaba Juan, Enrique.

○ ¿ .... quieres?

La mujer volvió a sonreír....... . Cesó en el balanceo.

△ .... quiero mucho - murmuró.

○ ¿Más que a .... ?

△ ¡Oh, no seas tonto! ...... eres mi hijo y .... es mi enamorado.

○ Pero, ¿a quién quieres más?

△ Bueno, tonto, a ....

La mujer volvió a su balanceo.

○ .... tiene miedo - dijo sin dirigirse a nadie en particular - Pero ...... quiere. ..... también tengo miedo. Es curioso el miedo que puede tener un hombre sin miedo.

△ ¿Por qué? - dijo el niño.

○ Tienes que ir a dormir.

Juan Madrid

2. Si os ha interesado este fragmento, proponed diferentes finales y después de leerlos todos, elegid por votación el mejor.

3. Escucha la definición de un "chindogu" y toma nota de la siguiente información:

· ¿Quién fue su inventor?

· ¿Cómo y cuándo empezaron a ponerse de moda?

· ¿Cómo se sabe que un objeto es un "chindogu"?

> **Busca en el diccionario o deduce por el contexto:**
> · desengañarse
> · ponerse manos a la obra
> · cachivaches
> · burdo(a)

4. Ahora, vamos a ver algunos ejemplos; pero, primero, completad la información con los pronombres que faltan.

IDEAS DE BOMBERO

ENFRIADOR AUTOMÁTICO DE ALIMENTOS.

Para fabricar......, ... necesita un ventilador muy pequeño que .... adapta a los palillos orientales; (un occidental podría incorporar..... a sus cubiertos). Este ingenioso aparato ...... agradecerán aquellas personas que siempre se queman la lengua y **dan la nota** en restaurantes elegantes.

MANO CORTADORA.

...... acabaron para siempre los dedos vendados, testigos de que el cuchillo tiene voluntad propia y .... va por caminos no elegidos por nosotros. Esta mano, modelada en silicona, ... usaremos para sujetar aquellos alimentos que, normalmente, ... cortan o .... pican y por cuya causa parecemos heridos de guerra.

ZAPATILLAS LIMPIADORAS.

Es terrible cómo .... manchan los muebles sin que .... toquemos o .... usemos. Pero ¿y el suelo?, siempre lleno de pelusas que nunca .... sabe de dónde salen, y, claro, no ...... puede estar barriendo o pasando la aspiradora todo el tiempo. En vez de ir corriendo a buscar la escoba y el recogedor, estas increíbles zapatillas harán el trabajo, con un poquito de ayuda de nuestra parte, por supuesto.

SOMBRERO ANTIALÉRGICO.

La gripe ataca sin piedad y los pañuelitos de papel siempre .... hemos puesto en otro sitio o .... han olvidado; en consecuencia nunca ...... encontramos en el momento preciso. Con este aparato que puede fabricar........ con el portarrollos de papel higiénico, usted dispondrá sin problemas de pañuelos para "meter la nariz" y, lo más importante, siempre ...... tendrá localizados...: encima de su cabeza.

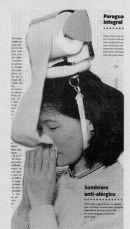

dar la nota: organizar un escándalo.

5. Hagamos un concurso de "chindogus". En pequeños grupos, idead uno según los consejos que habéis oído. Presentadlo en "La Feria Internacional del Aparato" (FEIA) y a ver quién se lleva el premio

SORTEO Nº 008527

Un viaje alrededor de la clase en compañía de sus mejores amigos. También puede invitar a su profesor(a).

6. Y tú, ¿qué opinas?

¿Comer es una necesidad o un placer? ¿Qué es más importante: tener una buena figura, o disfrutar de un buen menú?

7. Fíjate bien en las viñetas y trata de convencer al personaje que habla, de que nutrirse y adelgazar pueden ser cosas importantes.

8. Y ahora, escucha a Antonio Muñoz Molina y contesta:

    a. ¿Qué problemas tiene / tenía con el tabaco?

    b. ¿Qué resulta imprescindible para él?

    c. ¿Por qué habla de agoreros?

    d. ¿Qué hay que hacer, según él, para alcanzar una parte del paraíso?

    e. ¿Estás de acuerdo con sus opiniones? ¿Por qué?

GLOSARIO

Saborear: disfrutar del sabor de una comida o bebida; también se puede saborear un triunfo.

Resignarse a: aceptar algo malo sin lucha.

Dicha templada: felicidad tranquila, sin excesos.

Agorero: persona que anuncia sólo desgracias.

Deleitable: agradable, placentero(a).

Vigorizar: dar energía, fuerza, **vigor**.

Inconcebible: impensable.

SE DICE ASÍ Y ASÍ SE ESCRIBE

1. A veces los pronombres forman con el verbo una unidad de sentido.

Lee el siguiente diálogo y señala los verbos que expresan los significados del recuadro:

△ Oye, José, tú haz lo quieras, pero me parece a mí que, con criticar tanto al jefe, te la estás buscando. ¿Por qué no te controlas un poco?

○ ¿Controlarme? Pero, tío, aquí nadie dice nada y ya está bien de injusticias. A mí me parece que en la vida hay que saber cuándo vale la pena jugársela.

△ ¿Ah, sí? ¿Y tú crees que vale la pena jugársela ahora y sobre todo por toda esa gente? Son incapaces de mover un dedo y, además, si hubiera el más mínimo problema, seguro que te dejaban solito. ¡Que se las arreglen como sepan o puedan!

> **a.** Resolver uno mismo sus problemas.
> **b.** Poner en peligro algo importante.
> **c.** Arriesgarse a recibir un castigo.

Ahora completa el diálogo usando las expresiones del recuadro.

△ ¿Otra vez pidiendo ayuda? ¿Es que no sabes .... solo?

○ Pues no, pero, vale, vale, no te preocupes, ya encontraré quien me eche una mano. (Se va).

□ Así que le has dicho que no al ojito derecho de Pérez, ¿no crees que ....?

△ Es posible, todos me dicen que .... , pero si no trabajo aquí, hay muchos otros sitios donde ir, el mundo no se acaba por estar un tiempo sin trabajo y ya estoy harto de hacerle la pelota a ese inútil.

2. Otras veces los pronombres añadidos a los verbos no sólo les cambian el sentido, sino que exigen también una preposición. Completa el diálogo siguiente con los verbos del recuadro:

> **Acordar:** llegar a un acuerdo. **Acordarse de:** recordar.
> **Prestar:** dejar algo por un tiempo. **Prestarse a:** ofrecerse para hacer algo.
> **Resolver:** encontrar una solución. **Resolverse a:** decidirse a hacer algo.

△ **Estoy hasta el mismísimo moño** de ser siempre yo quien .... todos **los follones** que nos deja ese inútil. Se acabó, ya no .... más a este juego, que lo haga otro.

○ ¡Mujer! ¿No .... que precisamente fuiste tú la que se ofreció a ayudarle? ¡Toma! Claro que .... Pero ya lleva aquí más de seis meses y me parece a mí que ya vale, ¿no? Cuando llegó, ...(nosotros) que le echaría una mano al principio, pero… ya está bien.

□ A lo mejor lo que tienes que hacer es ....le menos atención, así vería que tú tienes tus propios problemas que ....

△ Otra cosa, ¿y por qué no hablas con Elena?

○ ¿Con Elena? ¿Qué dices? Si Elena no .... nunca a echarlo de aquí, ni siquiera a llamarle la atención. ¿No ves que a este **lo metió** Pérez **con calzador**?

UN PASO MÁS

FICHA TÉCNICA:
ALMA GITANA
Directora: Chus Gutiérrez.
Guión: Antonio Conesa, Juan
Vicente Córdoba, Joaquín Jordá y
Chus Gutiérrez. Basada en la obra
"El Bailaor", de Timo Lozano.
Fecha: 1997

1. ¿Cómo os sentiríais si os controlaran todo el tiempo?

Vamos un leer un fragmento del guión cinematográfico en el que está basada la película.

Estamos en casa de una familia gitana acomodada y de costumbres muy tradicionales. En el salón están el padre y uno de los hijos pequeños. Suena el teléfono y Lucía, la hija que está siguiendo estudios universitarios, se levanta para contestar. La llamada era para ella.

PADRE: ¿Quién era?

LUCÍA: Papa, una amiga.

P.- ¿Qué quería?

L.- ¡Nada, ¡qué va a querer!

(Lucía va a la cocina, donde están la madre y tres hermanas más, una de las cuales está casada y ha recibido, al parecer, una paliza de su marido).

L.- **Ya ni llamarme** a la casa pueden, mama. ¿Por qué no nos metéis en una jaula? Así os quedaríais todos los gitanos la mar de tranquilos.

MADRE: Oye, baja la voz y no le faltes más al respeto a tu padre.

L.- ¿Y a ti quién te ha hecho eso otra vez? El bruto de tu marío, ¿verdad?

M.- Oye, mira, tú **no vengas aquí cizañando**, ¿eh? Las cosas de tu hermana y su marío, que ellos **se las apañen**.

HERMANA CASADA: Mama, **si es que** yo no voy a volver más a esa casa.

M.- Mira, tú lo que tienes que hacer es ir a hablar con tu suegro.

H.C.- Pero, mama, **si es que** ya he ido dos veces y no me sirve de nada.

M.- ¡No mataran a tu marío! Bueno, mañana iré yo, pero de esto, que el papa no se entere, ¿eh?, que si nos oye, ya la tenemos.

L.- Tú lo que tienes que hacer es dejarlo ya de una vez.

M.- Oye, tú estás mu rebelde últimamente, ¿no? Mira, yo comprendo que las cosas no están pa que estéis todo el día en la casa, pero la gente es mu mala y luego nos señala con el deo. Ya lo sabes.

L.- Mama, que ya lo sé, pero que vosotros sois mu exageraos, que es que tú no sabes la vergüenza que paso yo toos los días cuando viene Jesús a recogerme a la clase.

HERMANA PEQUEÑA: Es verdad, mama, **vaya corte** que tiene que pasar.

M.- Tú te callas, que como tu padre se entere a la hora que viniste ayer, se te acaban a ti las clases de baile.

H. P.- Ya te dije que no me di cuenta y porque no me di cuenta no me voy a morir.

M.- Mira, si yo sé que tenéis que salir y estudiar y todas esas cosas, pero que, a veces, el papa lleva razón.

CUARTA HERMANA: Y cuando no la lleva también se la das…

M.- Y luego hago lo que me parece.

Cizañar: provocar discordia; hablar a uno mal de otro para que se peleen.
Apañárselas: resolver solos, sin ayuda, los problemas.
Vaya corte: qué vergüenza.

2. Observa las palabras pronunciadas de forma distinta a la "oficial". Señálalas y propón otra ortografía u otra pronunciación.

3. Vamos a fijarnos en algunas expresiones que han aparecido en el fragmento dialogado:

1. *Ya ni llamarme a la casa pueden.*	**Ya ni** + INFINITIVO / GERUNDIO / **construcción con** PREPOSICIÓN	*Para protestar porque ni el último recurso o la mínima posibilidad se cumplen.*
2. *No vengas aquí cizañando.*	**No (nos/me)vengas aquí +** GERUNDIO / CON + SUSTANTIVO	*Para disuadir de una actitud que no nos gusta en nuestro interlocutor.*
3. *Si es que yo no voy a volver más a esa casa.*	**Si es que +** FRASE	*Justificación enfática y que contradice un consejo recibido.*

4. Quieres protestar o lamentarte por las cosas que no salen como tú esperabas.

> △ *En esta facultad ya **ni estudiando se aprueba**.*
> ○ *No exageres, ¡hombre! No es para tanto.*

1. Le has regalado a tu novio(a) algo muy especial, pero sigue enfadado(a).
2. Tus vecinos han venido a protestar porque te han visto tomar el sol desnudo(a) en tu terraza.
3. Estás haciendo una dieta muy estricta, pero no consigues adelgazar ni 100 gramos.

5. Quita de la cabeza o reprocha la actitud que tiene tu compañero(a).

> △ *Oye, oye, aquí **no vengas con tus cuentos de siempre**, ¿eh?*
> ○ *¡Cómo que cuentos! Sólo son historias originales.*

1. Rita siempre presume de que saca las notas más altas de la clase.
2. Hans se lamenta, en cuanto encuentra a alguien que le escuche, de su mala suerte.
3. Hay un grupo en la clase que amenaza a los que no hacen lo que ellos quieren.

6. Rechazas un consejo o recomendación y justificas el porqué.

> △ *Vente con nosotros a la fiesta, ¡no seas tonto(a)!*
> ○ ***Si es que tengo que estudiar**, de verdad. ¡Qué más quisiera yo!*

1. △ Lina, ¿por qué te has peleado con Alberto? ¿No crees que deberías hablar con él?
   ○ .... un pesado, de verdad, me tiene harta.
2. △ ¡Madre mía! ¡Vaya lío de papeles que tienes aquí!
   ○ .... ponerlos, necesitaría una casa tres veces más grande.
3. △ ¡Chico(a)! Pareces un zombi, a ver si te acuestas más temprano y duermes por la noche.
   ○ .... hasta la una o las dos. ¡Qué le voy a hacer!

AHORA YA SABES

FUNCIONES

· Enfatizar el sujeto o los complementos.
· Evitar la ambigüedad del sujeto o de los complementos.
· Responsabilizar al sujeto.
· Dar consejos, sugerencias.
· Generalizar y dar instrucciones.

· Expresar involuntariedad.
· No expresar el sujeto.
· Implicar a la persona de manera indirecta en la acción.
· Protestar.
· Disuadir.
· Justificar por qué no se sigue un consejo.

GRAMÁTICA

· Los pronombres sujeto.

· Los pronombres directo e indirecto.
· Valores del c. indirecto.
· Construcciones con se + verbo + sustantivo concertado.
· Verbos + pronombre con cambio de significado YA NI + INFINITIVO / GERUNDIO / cons. preposicional. NO VENGAS+ GERUNDIO / cons. prep. SI ES QUE + FRASE.

1. Completa los diálogos con alguna de estas expresiones coloquiales, locuciones o elementos conversacionales:

1. Vaya corte.	**5.** Ponerse morado.	**9.** No es para menos.
2. No te lo tomes así.	**6.** Meter la pata.	**10.** No vaya(s) a…
3. No me vengas con…	**7.** Estar uno que muerde.	**11.** Darle a uno por…
4. De eso, nada.	**8.** Qué cambiazo.	**12.** ¡Y dale!

1. △ Concha, he visto a tu hijo de rubio, ¡ ....!, no lo había conocido.

○ ...., a mí me pasó lo mismo. Y es que al principio choca un poco, la verdad, pero bueno, si .... ahí, no me voy a poner furiosa; que un chico se tiña el pelo, hoy en día es normal, ¿no?

△ ¿Normal? .... que a ti te da igual, no me lo puedo creer. Si es que los padres de hoy no controláis a los chicos y luego, claro, pasa lo que pasa.

○ Oye, ..., ¡cualquiera diría que Francisco es un delincuente! Sólo se ha teñido de rubio.

2. △ .... que me he llevado esta mañana: estaba imitando a la directora y...

○ Y te ha visto, claro, pero ¿por qué siempre tienes que ....?

△ ...., lo que pasa es que aquí la gente no tiene sentido del humor.

○ ¡............! Tú todo lo arreglas con lo del humor. Lo que tienes que hacer es andarte con ojo, ... quedarte sin trabajo.

3. △ ¿Fuisteis al cumpleaños de Ricardo?

○ Sí y ...., había comida como para un regimiento.

△ Es que a Ricardo le gusta hacer las cosas a lo grande.

○ Sí, sí, eso dicen, pero luego .... porque la gente no dejó ni las migas.

2. Transforma los infinitivos en una forma correcta del pasado de indicativo o subjuntivo.

En la película *Guantanamera* podemos encontrar esta leyenda:

Al principio del mundo Olofin (hacer) .... al hombre y a la mujer y les (dar) .... la vida. Olofin (hacer) .... la vida, pero se le (olvidar) .... hacer la muerte. (Pasar) .... los años y los hombres y las mujeres cada vez (ponerse) .... más viejos, pero no (morir) .... La Tierra (llenarse) .... de viejos que (tener) .... miles de años y que (seguir) .... mandando de acuerdo con sus viejas leyes. Tanto (clamar) .... los más jóvenes que un día sus clamores (llegar) .... a oídos de Olofin. Y Olofin (ver) .... que el mundo no (ser) .... tan bueno como lo (planear) .... y (sentir) .... que él también (estar) .... viejo y cansado para volver a empezar lo que tan mal le (salir) .... Entonces Olofin (llamar) .... a Ikú para que (encargarse) .... del asunto y (ver) .... Ikú que (haber) .... que acabar con el tiempo en que la gente no (morir) .... (Hacer) .... Ikú que (llover) .... sobre la Tierra durante treinta días y treinta noches sin parar, y todo (ir) .... quedando bajo el agua. Sólo los niños y los más jóvenes (poder) .... treparse a los árboles gigantes y subir a las montañas más altas. La Tierra entera (convertirse) .... en un gran río sin orillas. Los jóvenes vieron entonces que la Tierra (estar) .... más limpia y más bella y (correr) .... a darle las gracias a Ikú porque (acabar) .... con la inmortalidad.

REVISIÓN

3. Completa con una forma correcta de CONVERTIRSE EN, ESTAR, LLEGAR A SER, PONERSE, QUEDARSE, SER, VOLVERSE.

Mis hermanos y yo no nos parecemos mucho, la verdad. Verán ustedes un ejemplo: mi herma- na mayor, que .... muy, muy ordenada, ... furiosa cada vez que alguien entra en su habitación y le toca sus cosas. Yo creo que esa obsesión por el orden .... un síntoma de algo que no funciona en su cabeza. Siempre le digo que si no se controla un poco .... una per- sona insoportable y acabará .... sola, sin amigos. Ella me dice a mí que yo .... una exagerada, que siempre ando inventándome novelas sobre la vida de la gente y que todos en casa .... hasta las narices de mis fantasías. Yo le contesto que .... mucho mejor tener ima- ginación que .... como una fiera sólo porque alguien te ha cambiado de sitio los bolígrafos: ella .... de mal humor casi siempre y yo puedo .... famosa si mis novelas .... superventas. Como pueden ustedes imaginar, siempre nos .... (nosotras) peleando, ella .... metódica, tranquila, sensata y yo .... casi siempre en las nubes, ... contenta o triste con mucha facilidad y me entusiasmo por cualquier cosa. Claro, de esta forma no podemos entendernos, pero en el fondo, nos queremos.

4. Completa con alguna de las palabras del recuadro:

burradas	**1.** △ ¿Has visto qué elegante va Carolina? ○ Como siempre, es que tiene un .... bárbaro y eso que su familia es gente sencilla.
cochazo	**2.** △ Antes de entrar, voy a echar una .... a ver quién ha venido. Si están ahí los idiotas de siempre, yo no entro.
estilazo	○ ¡Tío, qué .... eres! ¿Por qué no puedes entrar y divertirte aunque haya gente que no te gusta?
gozada	**3.** △ ¿Te has enterado de lo que le dijo Loli a Pedro?
latazo	○ Sí, fue una .... ¿no? Me han dicho que le llamó de todo menos bonito. △ Sí, un poco dura sí que estuvo, pero es que Loli debe de estar harta de las .... de Pedro.
ojeada	**4.** △ ¡Qué .... se ha comprado Martina!
pasada.	○ Sí, yo también lo he visto, es cómodo, suave, seguro, se pone a 140 sin problemas y, además, es precioso; vamos que es una ....

5. Completa con CON o DE.   Información periodística.

1. Las adolescentes .... los 90 tienen relaciones .... amistad con sus madres, según un estudio aparecido en el diario SUR .... el 7 de febrero del 99.

2. Más que .... muchos títulos, las personas .... muchos recursos, capaces de adaptarse a situaciones nuevas, son las que triunfan en el terreno laboral.

3. Las personas que viven .... miedo no se atreven a denunciar los malos tratos .... sus familiares. Por eso es muy importante enseñarles a perderlo dándoles la información y la protección necesarias.

4. ¿Sabían ustedes que los mejillones sólo se deberían comer en los meses .... R? O eso dicen los belgas.

REVISIÓN

6. Completa con SER o ESTAR.

Para los profesores:

Aquí tienes una serie de consejos para tus clases:

- No todos los alumnos - ni los grupos - pueden .... tratados de la misma manera: unos prefieren hablar y arriesgarse y otros necesitan .... estimulados constantemente para "lanzarse".
- Debes buscar variedad en la presentación de los temas y humor o espíritu lúdico durante toda la clase, así la atención y el deseo de participar .... asegurados.
- La gramática debe .... orientada a facilitar la expresión oral o escrita; las reglas sólo sirven para .... aplicadas sin demasiada dificultad.
- No olvides que un extranjero .... perdonado más fácilmente por un error gramatical que si mete la pata por no conocer las costumbres sociales; Por ello, estas últimas deben .... incluidas de una forma u otra en tu programa.

Ahora, completa con los pronombres adecuados.

Para los alumnos:

Aquí tienes algunos trucos para tus clases:

- No a todos los profesores .... puede tratar de la misma manera, a unos .... gusta la camaradería; otros prefieren la distancia.
- En clase no ...... debe hablar cuando está hablando otro compañero o compañera.
- Si .... olvidan los deberes, busca una buena excusa para justificar........ .
- Los exámenes escríbe...... con buena letra para que .... puntúen con notas más altas.
- A los profesores .... conquista participando mucho.

¿Estáis de acuerdo con todos estos consejos?

7. Completa con una construcción impersonal según el contexto:

1. Hay un grupo de unos 70.000 españoles entre los 38 millones de este país, que vive sin "tele". Han decidido vivir "desenchufados" y por ello (mirarles) .... como extraños, como gente contracorriente. (Decir) .... que los que no tienen televisión son más inquietos, más creativos... . Tú ¿qué opinas?

2. Dice Pablo Jaenke, de 18 años: " Si no (gustar) .... el fútbol y si (ir) .... al cine con cierta frecuencia, ¿para qué (querer) .... tener tele?". ¿A ti qué te parece?

3. Victoria Martos, 41 años, ilustradora, sostiene: "Con toda la publicidad te (manipular) ...., además, la información (crear) .... desde el poder; el bombardeo es tan grande que (llegar) .... a perder la confianza en ti mismo". ¿Estás de acuerdo?

4. Amelie Bernet es francesa y visitadora médica. Nos confiesa que al principio de quedarse sin "tele" se sentía mucho más sola: "luego (dar) .... cuenta del tiempo que (tener) .... para hacer más cosas. Ahora leo mucho más y he superado el estrés que me producía ver la tele". ¿No crees que exagera?

Proponed alternativas al tiempo que, en general, (dedicar) .... a ver la "tele".

REVISIÓN

8. Fíjate en estos anuncios y completa con los pronombres necesarios:

1. En ASISA el número uno eres ......
2. Un buen día .... tiene cualquiera. ONCE. Todos los días toca.
3. Las imprudencias no sólo .... pagas .... Piénsa..... DGT.
4. A los amigos .... vas encontrando por ahí. La novia es .... la que .... elige a ti. Pero el coche, ... eliges .... Mercedes Benz.
5. △ Abuelo, ¿el pan ...... haces ......?
   ○ No, ... hace la abuela.
   △ ¿Y el aceite?
   ○ Tu madre.
   △ ¿Y el espetec, ... haces ......?
   ○ El espetec ...... hace "Casa Tarradellas"
   △ Entonces ¿...... qué haces?
   ○ Lo mejor de todo: comér....... .

ASISA: Asistencia Sanitaria Interprovincial, S.A.
ONCE: Organización Nacional de Ciegos de España.
DGT: Dirección General de Tráfico.

9. Responde expresando involuntariedad y añadiendo la intervención indirecta de algún sujeto.

1. △ ¡Tío, este pollo está intragable!
   ○ Es que (quemar) .... mientras hablaba por teléfono.
2. △ ¿Por qué a los hombres (caer) .... el pelo más que a las mujeres?
   ○ Pues no lo sé, será genético, ¿no?
3. △ Creo que (perder) .... los apuntes de la clase de Literatura, no los encuentro por ninguna parte.
   △ ¿Y no (olvidar) .... en clase?
4. ○ Me voy a la cama, estoy que me caigo de sueño, (cerrar) .... los ojos.

10 Completa con alguna de las palabras del recuadro.

acordar
allá ellos
arreglárselas
buscársela
después de todo
jugársela
nada menos
ni mucho menos
precisamente
prestarse a
y todo.

1. △ ¡Cómo me alegro de verte por fin en una de nuestras fiestas! Y has venido disfrazada .... ¡Así me gusta!
   ○ .... me he comprado el disfraz para venir y sorprenderte.
   △ La verdad es que no sé cómo ...., pero tú siempre lo consigues, sorprenderme, digo.
   ○ Tampoco es tan difícil, ... sólo nos vemos dos o tres veces al año.

2. △ Los profesores nuevos .... con eso de saltarse las normas de la dirección, pero yo ya no les aviso más, ...
   ○ ¡...................! ¿No ves que son el ojito derecho del jefe de estudios? No te preocupes por ellos.

3. △ ¿Sabes lo que .... por fin en la reunión? Es que no pude venir y como no han puesto un aviso, ni nada...
   ○ Pero ¿es que no te has enterado? Si te han elegido .... a ti representante de todo el grupo.
   △ ¿A mí? ¡................... que representante de todo el grupo! ¡Ni hablar! Yo no .... a una tontería semejante, porque no voy a poder hacer nada. En cuanto abra la boca para defender a un compañero, ...

141

TEXTOS GRABADOS

(QUE NO APARECEN O APARECEN INCOMPLETOS EN LAS UNIDADES RESPECTIVAS)

UNIDAD 1

PRETEXTO

1. Escucha la siguiente reflexión sobre *Los sueños* y señala cuál de las siguientes afirmaciones es verdadera:

Según los expertos, el sueño constituye un estado funcional periódico del organismo, durante el cual el estado de vigilia queda suspendido y la actividad de los estímulos, disminuida. La interpretación de los sueños ha sido un problema que ha suscitado el interés de la humanidad en toda época. La actividad onírica transcurre como si el sistema nervioso, desconectado del exterior, experimentara un despertar interno que permitiera la toma de conciencia del material del sueño. Para algunos especialistas, el sueño puede representar de forma simbólica lo vivido en el pasado. Por eso, se supone que todos los sueños tienen una explicación lógica, aunque hoy por hoy siguen constituyendo un mundo mágico e insondable.

VAMOS A PRACTICAR

4. Ahora escucha el relato de Susana y contrasta con las hipótesis que expusiste en tu carta. Después, completa con VERDADERO o FALSO:

Yo no estoy enferma; estoy muriéndome. No estoy deprimida; estoy muriéndome, u ojalá lo estuviera. Mi enfermedad y mi tristeza se llaman Vicente. Nos conocemos desde los nueve años. Hemos estado siempre juntos: hemos vivido juntos, hemos veraneado juntos, hemos jugado juntos... Decidí estudiar lo mismo que él, y fue entonces, en la universidad, cuando me di cuenta de que el cariño que le tenía -mayor que a mis hermanos- era amor. Yo sabía -creía saber- lo que él había hecho en cada minuto y lo que haría al día siguiente, y él, lo mismo de mí. Nunca le declaré mi amor, porque no me parecía urgente ni necesario. En la cena de fin de carrera, me presentó a su novia: es una chica de Filosofía. No lo había hecho antes -me explicó- porque no estaba seguro, para presentármela. Quería estar seguro, "ya que tú eres para mí, más que una hermana, una madre, y antes de que nos separemos ..." Para mí se ha acabado todo. (...)

No quiero vivir más. Todo lo que he vivido hasta ahora ha sido un timo, y lo sería aún más lo que viviera desde ahora. Yo soy cosa de Vicente, y nada más. Alguien aquí se ha equivocado.

UN PASO MÁS

1. Primero, vamos a escuchar las reflexiones que el propio Pedro Almodóvar hace sobre su película, *Carne trémula*.

Empezar por el principio.

Las primeras secuencias de *Carne trémula* narran el nacimiento de Víctor, dentro de un autobús, en pleno y desierto corazón de Madrid, una fría noche de enero de 1970. Siempre fue un muchacho intempestivo Víctor. Una fría noche de enero de 1970 arrancó a su madre de la cama de la pensión donde vivía y trabajaba. No le dio tiempo a llegar al hospital. Víctor nació a mitad de camino, en el interior de un autobús. La ciudad estaba desierta, un viento helado no conseguía barrer el miedo de las calles. Y no era para menos: ese día el gobierno de Franco había declarado el Estado de Excepción en todo el territorio nacional. Se prohibían todo tipo de libertades y se legalizaba la detención indefinida de cualquier español, sin la menor explicación (se suspendió el Artículo 18 del *Fuero de los Españoles*). Es muy saludable que muchos de los que vean la película ni siquiera sepan en qué consiste el Estado de Excepción.

La idea de este vibrante comienzo me la inspiró mi propia madre. Hace algunos años, como parte de un documental que sobre mí realizaba la BBC, un equipo se desplazó hasta el pueblo donde vive mi madre, para entrevistarla. Yo hacía de improvisado traductor. Cuando el periodista le sugirió que contara alguna anécdota sobre mi infancia, mi madre comenzó a narrar con todo detalle cómo vine al mundo, cuáles fueron mis primeros gestos, mis primeros sonidos, mis primeras reacciones. Yo me moría de vergüenza, después comprendí que sólo las madres y algunos genios poseen esa capacidad de abordar de inmediato lo esencial, sin esfuerzo ni pudor.

UNIDAD 2

VAMOS A PRACTICAR

1. En parejas, uno de vosotros ha de salir fuera de la clase; mientras, el otro escucha el siguiente mensaje telefónico y se lo transmite a su compañero cuando éste vuelva al aula.

¡Hola, cariño! No creo que vuelva antes de las diez, es que la reunión va a alargarse. Sí, ya sé que mañana empiezan nuestras vacaciones... Hay algunas cosas que no he podido hacer esta mañana: hay que ir al banco a sacar dinero y a la agencia de viajes, a recoger los billetes. También hay que hablar con el portero para que riegue las plantas mientras estamos fuera. ¡Ah, se me olvidaba, llama al club para cancelar las clases de tenis! Volveré lo antes posible. Un beso y gracias por todo. Zaira.

UNIDAD 3

VAMOS A PRACTICAR

1. Anota las razones por las que Suzy decidió ir a estudiar español a Granada.

△ ¿Cómo es que elegiste Granada para estudiar español?

○ Pues, verás: la Universidad de Londres, donde estudio español y teatro, tiene un convenio con varias universidades españolas, entre ellas, Valencia, Granada y Salamanca. Yo quería escribir mi trabajo de Investigación sobre el flamenco, así es que pensé que debía ir a alguna ciudad de Andalucía; además, Granada es una ciudad pequeña, los alquileres no son muy caros, está cerca del mar y de la montaña, no hay muchos estudiantes extranjeros y la universidad tiene mucha tradición en la enseñanza del español. Por todo ello, elegí Granada. ¡Y además de aprender español, me lo estoy pasando fenomenal... incluso he aprendido a bailar sevillanas y a cocinar el gazpacho!

UN PASO MÁS

3. Por último vamos a escuchar una entrevista con Senel Paz, el autor del cuento en el que está basado el guión de la película *Fresa y chocolate*. Indica si las siguientes afirmaciones son verdaderas o falsas.

P.- Senel, lo primero que quiero decirte es que *Fresa y chocolate* me impresionó fuertemente, me conmovió mucho. Creo que impacta a todos los públicos, con independencia de que cada cual la verá con una visión personal y percibirá claves diferentes.

R.- Me hace feliz oírte decir esto, son unas palabras bellísimas. Me siento muy feliz con la película, creo que tiene una fuerza humana, un contenido, una propuesta de diálogo entre la gente. Hay algo muy curioso que está pasando en la calle: La gente habla de la película como de la vida, como de un suceso que ocurre en la vida.

P.- Claro, la gente se ve identificada con lo que ve en la pantalla, hay mucha gente que ha actuado de forma intolerante.

R.- Sí, eso es un fenómeno interesante. Yo siempre he reiterado que el tema del relato no es la homose- xualidad. Es el tema de la amistad y la intolerancia. La historia que cuenta la película es el aprendizaje de la tolerancia: el aprendizaje de admitir que el mundo está lleno de personas muy complejas y diferentes. Y debemos tener la voluntad de enten- dernos, de admitirnos y de comprendernos. No es que estés siempre de acuerdo con todo el mundo, pero el hecho de admitir que una persona puede tener ideas y sentimientos y reacciones completa- mente diferentes a las tuyas, y que eso forma parte del comportamiento humano, me parece funda- mental.

P.- Sí, y además conocer el origen del comportamiento de cada persona, aunque no se comparta.

R.- Por eso es una obra sobre la amistad, sobre el res peto de unos a otros y sobre la solidaridad entre la gente. En esta película vemos que Diego sufre por no ser tolerado socialmente, y que David sufre por ser intolerante con otra gente. La conclusión es que la intolerancia empobrece a la gente que la ejerce.

UNIDAD 4

VAMOS A PRACTICAR

1. Escucha y trata de adivinar de qué estamos hablando.

1. △ ¿Cómo te encuentras?

○ La verdad es que no muy bien. Me siento como si todo diera vueltas alrededor de mí y como si tuviera un enorme peso en la cabeza... Una cosa grande que me presiona... Y tengo la boca tan seca ...

△ ¡Eso te pasa por no hacerme caso! ¡Mira que te dije que no ...!

2. △ ¿Has ido ya al médico?

○ Sí, esta mañana.

△ ¿Y qué te ha dicho?

○ Pues no da con lo que tengo. Le he explicado que siento un vértigo constante, como si fuera a caerme… Me siento como si fuera a perder el equilibrio en cualquier momento…

△ ¿Le has comentado lo de los dolores de cabeza?

○ Sí, pero ya te digo que no sabe de qué se trata, y que tendrá que hacerme algunas pruebas más.

3. △ ¿Nunca te ha pasado algo así?

○ No…

△ ¡Pues no sabes la suerte que tienes… porque es insoportable! Es como si estuvieran golpeando tu cabeza insistentemente y quisieras que te la cortaran…

UNIDAD 6

VAMOS A PRACTICAR

1. Toma nota de los consejos que un director de cine experimentado da a un guionista novel.

△ Parece que últimamente se está empezando a promocionar a directores y guionistas jóvenes…

○ Efectivamente. En esta última década hay un interés implícito por dar una oportunidad a los cineastas más jóvenes. Yo estoy convencido de que hay grandes talentos escondidos. Antes, un director de cine tenía que esperar a su madurez para tener éxito y creo que esto tiene que cambiar.

△ ¿Qué le recomendaría a un joven que quiere hacer una carrera cinematográfica?

○ Lo más importante es que sea perseverante, que tenga mucha disciplina y fuerza de voluntad, porque el camino, en principio, no es fácil.

△ ¿Asistir a una escuela de imagen y cine puede ayudar?

○ Indudablemente, sin embargo conozco a muchos jóvenes cineastas que están empezando a destacar por mérito propio y es gente que no tiene una formación específica. Las modernas escuelas enseñan, pero, sobre todo, ayudan a hacer contactos en el mundillo del cine, aspecto que, seamos sinceros, es bastante importante.

△ ¿Qué es más importante: un buen guión o un elenco de buenos actores?

○ Un buen guión. El guión es el pilar de la película; sin un buen guión no hay película. Piensa en cuántas películas basura han sido protagonizadas por excelentes actores y no por ello la película ha sido mejor.

△ ¿Y los premios cinematográficos?

○ Los premios son muy importantes. En realidad es la única manera de dar a conocer una película. Por eso, es importante estar presente en todos los concursos. Sí, yo diría que es la única manera de salir adelante en esta profesión.

△ Muchas gracias por haber tenido la amabilidad de aceptar nuestra invitación. Estamos seguros de que sus consejos habrán sido de gran utilidad para nuestros oyentes.

○ Gracias a vosotros por invitarme.

UNIDAD 8

VAMOS A PRACTICAR

1. Vamos a escuchar algunos consejos sobre cómo adelgazar de una forma progresiva. Coméntalos con tu compañero(a).

Falta poco tiempo para que llegue el verano, pero el suficiente para adelgazar de una forma progresiva, equilibrada y sana. Te ofrecemos un plan completo. Con él perderás de tres a cinco kilos en tres meses y, lo más importante, no los volverás a recuperar.

Para perder peso no debes privarte de ningún alimento, todos son importantes y no hay que eliminar ninguno. Pero, obviamente, hay que escoger alimentos ricos en nutrientes y con pocas calorías. La dieta debe acercarse lo más posible a la normalidad, reduciendo la cantidad y manteniendo la calidad de los platos.

Una dieta moderada en calorías te permitirá perder entre medio y un kilogramo durante las primeras semanas. Naturalmente, los kilos perdidos y el ritmo con que se pierdan dependerán del peso, la altura, la actividad física, la edad y el sexo, entre otras variables. Por esta razón habrá diferencias entre una persona y otra. En general, a menor edad, más altura, más peso y más actividad, se producirá una mayor pérdida de peso. Además el metabolismo de cada persona juega un papel muy importante.

La finalidad de una buena dieta no es sólo perder peso, sino no volver a recuperarlo y ayudarte a adoptar buenos hábitos alimenticios y un nuevo estilo de vida. Por eso, cuando hayas perdido los kilos deseados, puedes incrementar el consumo calórico en un máximo de 500 calorías diarias, pero mantente firme en el propósito de llevar una vida menos sedentaria y una alimentación sana.

UNIDAD 9
VAMOS A PRACTICAR

1. Escucha la conversación y señala qué hace María en su tiempo libre.

- △ María, ¿cómo lo haces?
- ○ ¿El qué?
- △ Pues estar en tan buena forma… Es que los años no pasan por ti, siempre estás igual.
- ○ Bueno, ya sabes que nunca he dejado de hacer deporte: los sábados por la mañana siempre juego al golf y, durante la semana, cuando tengo tiempo, voy al gimnasio.
- △ Pues, ¿sabes? A mí me ha dado últimamente por hacer *footing*. Cuando llego a casa, después del trabajo, me cambio, pongo buena música en el *walkman* y corro una media hora. Y la verdad es que me siento mucho mejor.
- ○ Pues, fíjate, yo tuve una época en que también me dio por hacer *footing*, pero me aburría tanto… Me daba muchísima pereza y, finalmente, lo dejé. Por cierto, a ver si un día de estos vamos a la sierra. Los domingos organizan paseos guiados y yo voy siempre que puedo.
- △ Llámame cuando quieras. Me encantará ir.

UNIDAD 11
VAMOS A PRACTICAR

1. La abuela nos ha contado una historia. Escucha la grabación y contesta a las preguntas.

La leyenda del acueducto.

- ¿Conoces la leyenda de la construcción del acueducto de Segovia?
- ¡No!
- Pues dicen que lo construyó un ejército de diablos en una sola noche, para que una chica no tuviera que ir a buscar agua al río. Claro, el diablo le pidió, a cambio, su alma.
- ¿Y el diablo se llevó el alma de la chica?
- Esperad, no seáis impacientes. La chica, al aceptar "el regalo" del diablo, puso una condición: que el acueducto debía estar terminado antes del amanecer.

- ¿Y qué pasó?
- Mientras los diablos trabajaban a toda velocidad, ella se dio cuenta de lo que había hecho y se arrepintió. Después pidió ayuda a la Virgen.
- ¿Y entonces?
- Paciencia. La Virgen sintió pena de la chica e hizo un milagro. Cuando la última piedra iba a ser colocada en su sitio, salió el primer rayo de sol, por tanto el diablo no pudo cumplir su promesa y la chica se salvó.

  Ahora, si vais a Segovia, veréis que al acueducto le falta una piedra en el centro y allí hay una imagen de la Virgen.

UN PASO MÁS

1. Primero vamos a escuchar información sobre Carlos Saura. Toma la mayor cantidad posible de datos sobre su vida y su obra.

Carlos Saura, que nació en Huesca en 1932, es uno de nuestros directores más conocidos gracias a su amplia y variada filmografía, compuesta por una treintena de películas. La primera de ellas se remonta a 1960 y su título es *Los Golfos*. Su último proyecto es la vida del gran pintor aragonés Goya. Por otra parte, Saura ha recibido numerosos premios, tanto en España como en el extranjero: los festivales de cine de Berlín, Cannes, Chicago y Nueva York reconocieron de esta forma la labor del director español.

En la variada filmografía de la que hemos hablado podemos apreciar la influencia de sus orígenes: su madre, pianista profesional, le inculca la afición por la música. Su hermano mayor, el famoso pintor Antonio Saura, influye en su formación plástica. De su interés por la música dan fe títulos como *Bodas de Sangre*, *El amor brujo* o *Carmen*. Tras dirigir en 1992 la película oficial de los Juegos Olímpicos de Barcelona, cambia de registro, pasando del género musical, con *Flamenco*, para volver el drama juvenil urbano, con *Taxi*.

UNIDAD 12
VAMOS A PRACTICAR

1. Escucha la entrevista que le hacemos al actor catalán Pere Ponce:

Estamos con Pere Ponce, actor catalán que se ha dejado una perilla cervantina por exigencias de *El hombre elefante*, la obra dramática que le ha traído estos días al teatro Albéniz de Madrid y en la que interpreta al médico que educa a ese ser humano inteligente, pero físicamente monstruoso.

– Si ya es difícil llevar al público al teatro, resultará más complicado si se trata de un drama.

– *El hombre elefante* no es un drama para llorar. Lo que pretende es conmover y emocionar. Además, tiene pinceladas de humor.

– El hombre elefante es una persona injustamente maltratada. Cíteme a alguien de la vida real que esté en esa situación.

– Estamos llenos de pequeños casos de injusticia de gente anónima. Esos son los hombres elefante de hoy.

– ¿Qué prefiere: pobre y enamorado, o rico y sin compromiso?

– Prefiero pobre y enamorado. El amor es una riqueza, un regalo, una auténtica lotería.

– Entonces cree en los amores eternos entre la pareja.

– Seguramente hay amores eternos, pero no creo que dos personas deban amarse eternamente.

– En cuanto a su carácter, ¿tiene más de simpático, retorcido o confuso?

– Las tres cosas, soy confusamente simpático y eso es muy retorcido.

– Un vicio.

– Ducharme por las mañanas. Me paso una hora bajo la ducha.

– Y una utopía.

– Ver a la gente por la calle sonriendo y silbando.

7. Y usted, ¿qué opina?

Para nuestro programa de hoy hemos seleccionado dos de las sugerencias que nos han dejado nuestros oyentes en el contestador:

Un caso real.

No sé por qué siempre se habla tan mal de los enchufes. Yo admito que uso a mis amigos cuando los necesito y estoy dispuesto a ayudarles, si puedo. Miren mi caso, por ejemplo: Yo había montado un negocio con muy buena voluntad pero con poca experiencia. Iba tirando, unas veces mejor y otras peor. Cuando la primera crisis del Golfo, no pude aguantar más y tuve que cerrar y me quedé en la calle y con un montón de deudas. Estaba desesperado, pero un amigo habló con su jefe de mí, me metieron en su empresa y ahora estoy de director de ventas.

Segundo caso.

Lo que quiero plantearles tiene que ver con esa obse-

sión que tenemos todos por los másters y esas cosas. Una amiga, que llevaba siete años trabajando en distintos campos del turismo, que habla cuatro idiomas y tenía una cartera de clientes muy interesante, se presentó al puesto de directora de agencia de viajes, pasó todas las pruebas, pero al final no la seleccionaron. Le dieron el puesto a alguien más joven, pero con un máster en administración, que hablaba sólo inglés y un poco de francés. A mí no me parece justo. Más vale ser un buen profesional sin título, que tener un título y estar apalancado en la comodidad.

UNIDAD 13
VAMOS A PRACTICAR

7. Ahora, resume las opiniones de todas estas personas. Después, di con cuál te identificas más y por qué.

Vivir en otro país para siempre. Esa es nuestra pregunta a diferentes personas. Oigamos lo que nos contestan:

Francisco Calle. Español. 21 años, estudiante de informática.

Pregunta: ¿Podrías vivir en otro país que no fuera el tuyo?

Respuesta: Sí, pero preferentemente de habla inglesa.

P: ¿Por qué?

R: Porque me gusta la lengua y el tipo de sociedad. Concretamente, de los Estados Unidos me atrae la capacidad que tienen de avanzar.

P: Pero se dice que es una sociedad muy competitiva.

R: ¿Y por qué tiene que ser eso un problema?

P: Quiero decir que en los países mediterráneos, con menos se vive mejor, o eso, se suele decir.

R: Sí, eso es cierto, pero cambiar de país supone un esfuerzo de adaptación, vayas donde vayas ¿no?

P: ¿Y te quedarías allí para siempre?

P: Es posible.

R: ¿En qué condiciones?

R: Con el futuro asegurado; es decir, con un buen trabajo y con un mínimo de relaciones sociales.

P: ¿Y qué echarías de menos de tu país?

R: Los fines de semana.

R: ¿Qué quieres decir?

R: Según lo que me han contado, por ahí el fin de semana es sobre todo para descansar, y la diversión está en segundo lugar. Aquí la diversión es lo más importante. ¡Ah! Otra cosa, si me fuera a Estados

Unidos echaría de menos el fútbol, claro.

Marina Cañete. Española. 40 años. Profesora.

Pregunta: ¿Podría vivir en otro país que no fuera el suyo?

Respuesta: No, porque echaría muchísimo de menos mi país y mi gente. Bueno, a decir verdad, creo que podría vivir largas temporadas en Italia, allí me he sentido siempre como en casa.

P: ¿Ha vivido en otros países?

R: Sí, en Francia y en Inglaterra. Y aunque son países muy atractivos, al cabo de algún tiempo, sentía una gran añoranza. ¿Sabe lo que más echaba de menos? Las sobremesas. Y le voy a decir otra cosa, eso de hablar en susurros me resulta sosísimo, y eso que yo soy más bien del tipo discreto. Además aquí la vida es mucho más sencilla y el contacto humano es más fácil.

P: ¿Y no le gustaría trabajar en el extranjero?

R: Sí, mucho, pero sólo por temporadas cortas, nunca para quedarme.

Karl Rutishauser. Suizo. 44 años. Veterinario.

P: Vive en España hace mucho tiempo, ¿verdad?

R: Pues sí. Llegué aquí en el 79, así que, haga usted la cuenta.

P: ¿Y qué le ha hecho quedarse?

R: La calidad de vida, que es superior a la de mi país.

P: ¿En qué sentido?

R: Aquí tengo más tiempo para mí y mis aficiones, y como me encanta la vida al aire libre, con este clima increíble disfruto mucho más de la naturaleza. Pero le voy a decir una cosa: los españoles tienen que hacer un esfuerzo aún mayor para cuidarla, la naturaleza, digo. Esa es una cosa que les reprocho: su desinterés por el medio ambiente. Aunque afortunadamente está mejorando.

P: ¿Qué echa de menos de su país?

R: Paradójicamente, el frío, la lluvia. Por eso me escapo de vez en cuando para "enfriarme" un poco.

P: ¿Y la familia y los amigos?

R: Mire, yo estoy de acuerdo con ese dicho español que dice "La familia, como la pesca, a los tres días apesta". Aquí tengo una vida hecha con mi mujer, un trabajo que me satisface, es cierto que en Suiza ganaría más, pero eso no es lo más importante para mí. Fíjese, el mar, la montaña, este sol maravilloso. ¿Qué más se puede pedir?

Entrevistadora: Nos encontramos, en una terraza de Benalmádena, a Nanú Sterckx, belga, jubilada - no vamos a preguntarle los años que tiene…

N: Sí, sí, ¿por qué no? Tengo 67.

E: Pues ¡quién lo diría, señora!

Y a su lado está la señora Stuyvenberg, de 56 años, holandesa, que trabaja en la hostelería y está aquí de vacaciones.

E: ¿Podrían vivir en un país distinto del suyo?

N: Sí, en cualquier país cálido. De hecho, ya ve, aquí estoy desde hace…, no sé, un montón de tiempo.

R: Yo también, en cualquier país del sur de Europa.

E: Entonces, señora Sterckx, podría vivir en Italia, en Grecia, en el norte de África…

N: Llámame Nanú, por favor, es más fácil de pronunciar. Verá, en el norte de África no, no podría. Una mujer independiente como yo, tendría muchos problemas allí.

R: Estoy de acuerdo, yo tampoco podría. Imagino que el caso de Nanú es como el mío. Desde jovencitas estamos acostumbradas a no depender de nadie, a decidir por nosotras mismas… En fin, que sería difícil adaptarse.

N: Totalmente de acuerdo.

E: Entonces Nanú, ¿por qué ha elegido España para vivir?

N: **(Risas)** Porque, a pesar de estar tan cerca de África, sigue siendo el sur de Europa. No, en serio, porque con mi pensión aquí vivo como una reina; o sea, menos gastos de calefacción, de luz, salir es más barato. El vino - cosa muy importante - es mejor y más barato también. Bueno, ¡y las tapas! ¿Y el tiempo? Y si no, mira, 2 de febrero y aquí estamos, en una terraza, tomando el sol.

E: Veo que habla muy bien español.

N: Bueno, me defiendo, ¿Sabe por qué? Porque mi último amante era español y esa es una forma estupenda de aprender, ¿no cree?

E: Ría, y usted, ¿se quedaría a vivir aquí?

R: Por supuesto, en cuanto me jubile, me vengo para acá. Y no me vengo a trabajar porque ya no vale la pena, prefiero esperar un poco más. Comparto totalmente la opinión de Nanú. Aquí, no sé si será por el clima o por qué, la gente es más abierta, más alegre, no sé… y o me siento más yo entre los españoles que entre los holandeses, y , claro, lo del dinero, cuenta, pero para mí basta con sentirse bien y disfrutar.

E: ¡Qué envidia! ¡Qué bien hablan ustedes español!

R: Yo lo estudié en Holanda y en mi trabajo tengo

muchos compañeros españoles. Además aquí, en mi bloque, sólo viven españoles, así que no tengo más remedio.

E: Pues ¿saben que muchos jóvenes extranjeros no se vendrían a vivir?

N: Mire, yo tengo mi opinión sobre eso. España no es país para gente que busca, sino para los que ya hemos encontrado,¿Eh, Ría? y sabemos lo que es bueno.

E: ¡OLÉ!

UNIDAD 14

VAMOS A PRACTICAR

3. Escucha la definición de un "chindogu" y toma nota de la siguiente información:

¿Sabes los que es "un chindogu"? Su inventor fue Kenji Kawakami, un dibujante japonés de cómics, que alrededor de los años 80, sacó a la luz sus "marcianas ideas". Un aparatito de estos es una idea brillante materializada en un objeto que podría hacer la vida más fácil, pero que, en realidad, no sirve para nada.

Ojo, todos podemos crearlos, pero teniendo en cuenta los siguientes mandamientos:

1- **Deber ser completamente inutil (o casi).** Si se sorprende a sí mismo utilizándolo a todas horas, desengáñese, no es un "chindogu".

2- **Real y tangible.** No basta con que exista en la imaginación, hay que ponerse manos a la obra y construirlo.

3- **De espíritu anárquico.** Los "chindogus" se proponen acabar con la utilidad conservadora.

4- **Objetos cotidianos.** Si los inventos son demasiado complicados, están fuera de lugar.

5- **No están a la venta.** Si se acepta dinero por un "chindogu", se rompe con el principio anterior.

6- **El humor no es su única razón de ser.** Es una solución mental creativa para acabar con problemas cotidianos.

7- **No subyace en ellos ninguna ideología.** Son puros e inocentes y nunca una forma de ironizar sobre lo perverso y lo patético de la humanidad.

8- **Nunca son tabú.** Los cachivaches en cuestión no pueden caer en el humor grosero, ni en burdas alusiones sexuales.

9- **Nada de patentes.** En cuanto se quiera pasar por la Oficina de Patentes y Marcas, el invento perderá el estatus de "chindogu".

10- **Sin prejuicios.** Todos los ciudadanos del mundo sin distinción de raza, sexo o religión tienen derecho a disfrutar de estos inventos.

8- Y ahora, escucha a Antonio Muñoz Molina y contesta:

(…) Hace ya bastantes años, yo no disfrutaba del café de la sobremesa si no fumaba al mismo tiempo un cigarrillo: Dejé el tabaco y al principio pensaba que ya no valdría la pena tomar café, pero al poco tiempo descubrí que lo *saboreaba* más aún, porque ya no tenía el paladar ni el olfato anestesiados por el humo, al alquitrán o la nicotina.

No tengo ninguna nostalgia del tabaco, pero creo **que no sabría *resignarme* a la ausencia del aceite de oliva, del vino y del café, placeres veniales que tal vez son los síntomas y los atributos de una forma muy alta de civilización, de un refinamiento supremo de las cosas comunes, de los alimentos que pueden ser gozados por todos, que favorecen una *dicha templada*, incompatible con la prisa y también con la brutalidad.** Los puritanos de la alimentación, ***los agoreros*** de la salud han estado amenazando siempre con el castigo a quién se atreva a gozar de los frutos prohibidos. Pero ahora resulta que, según los hallazgos de la medicina, el aceite de oliva, el vino tinto, el café, además de hacernos más *deleitable* la vida, son excelentes para la salud, nos *vigorizan* el cuerpo y el alma con más eficacia que los complejos vitamínicos (…) Para una mente reglamentaria y puritana es inconcebible que haya salud sin privación y gozo sin castigo. No saben que en una taza de café o en un vaso de vino puede estar contenida una fracción del paraíso terrenal.

ANTONIO MUÑOZ MOLINA. *Los paraísos veniales.*
El País, 24-1-99.

GLOSARIO

Este glosario no recoge las palabras que corresponden más propiamente a los niveles elemental y medio, sino las de nivel avanzado.

El número entre paréntesis indica la unidad de **ESPAÑOL SIN FRONTERAS 3** en la que cada palabra aparece por primera vez.

abandonar	(1)	agorero, el	(14)	angustia, la	(1)
abarrotado(a)	(7)	agotado(a)	(2)	animarse	(11)
abatido(a)	(2)	agotar	(8)	ansia, el	(4)
abismo, el	(1)	agradecer	(7)	antepasado, el	(8)
abrazar	(11)	agresivo(a)	(9)	antepenúltimo(a)	(1)
abrigo, el	(7)	agrio(a)	(7)	anular	(12)
aburrido(a)	(11)	agua, el	(11)	anunciado(a)	(13)
abuso, el	(3)	aguantar	(6)	anunciar	(8)
acabar	(1)	aguardiente, el	(14)	anuncio, el	(9)
acariciar	(4)	ahogar	(7)	añadido(a)	(7)
acatado(a)	(13)	ahorrar	(4)	añadir	(2)
aceite, el	(13)	airear	(7)	apañar	(14)
acelerar	(12)	aislado(a)	(7)	aparato, el	(14)
acento, el	(1)	ajeno(a)	(8)	aparcamiento, el	(3)
aceptado(a)	(13)	ala, el	(7)	aparcar	(3)
acera, la	(1)	alargado(a)	(7)	aparecer	(8)
acercarse	(1)	alarma, la	(7)	apariencia, la	(8)
acomodo, el	(11)	alarmado(a)	(9)	apartamento, el	(9)
aconsejar	(2)	albaricoque, el	(14)	apartar	(9)
acordar	(14)	albérchigo, el	(14)	apelar	(4)
acordarse	(3)	alcanzar	(1)	aperitivo, el	(3)
acostarse	(1)	alcoba, la	(4)	apestar	(3)
acostumbrarse	(9)	alegrarse	(13)	apetecer	(8)
activar	(12)	alegre	(1)	aportar	(8)
actividad, la	(4)	alejar	(6)	apostado(a)	(9)
actuar	(7)	alfabetizar	(3)	apostillar	(2)
acuciante	(6)	almacén, el	(2)	apoyo, el	(2)
acusación, la	(13)	almendra, la	(14)	aprecio, el	(8)
adaptación, la	(3)	almorzar	(13)	aprobado, el	(11)
adelantarse	(8)	alojado(a)	(4)	aprobar	(3)
adelgazar	(6)	alquilar	(2)	apropiado(a)	(8)
adicto(a)	(3)	alucinar	(11)	aprovechar	(1)
adivinar	(7)	amanecer	(8)	aproximado(a)	(2)
adjudicar	(12)	amante, el/la	(13)	apuntarse	(9)
admitido(a)	(9)	amar	(1)	araña, la	(4)
adorar	(3)	amargo(a)	(1)	arcaísmo, el	(3)
afectar	(12)	ambición, la	(4)	arcén, el	(6)
afectuoso(a)	(4)	ámbito, el	(3)	archivo, el	(3)
afeminado(a)	(7)	amenaza, la	(9)	arena, la	(4)
afirmar	(2)	amenazar	(13)	argumentar	(2)
aflojar	(14)	americana, la	(9)	argumento,el	(6)
agarrar	(9)	amuleto, el	(12)	arqueado(a)	(7)
agilidad, la	(14)	anciano, el	(4)	arreglar	(3)
agitarse	(7)	andar	(7)	arrepentirse	(8)

arriesgar	(14)	bando, el	(3)	calzador, el	(14)
arrimarse	(12)	barato(a)	(7)	cámara de fotos, la	(4)
arrojar	(3)	barba, la	(7)	cámara, la	(11)
arruga, la	(7)	barbacoa, la	(13)	camarero, el	(11)
arruinado(a)	(12)	barrer	(14)	cambiado(a)	(13)
asco, el	(2)	barrio, el	(7)	cambiar	(1)
asegurado(a)	(12)	barritar	(9)	cambio, el	(7)
asegurar	(2)	basura, la	(4)	caminar	(3)
asesino, el	(1)	batería, la	(3)	camino, el	(1)
asignatura, la	(6)	beato(a)	(7)	camión, el	(13)
asomarse	(9)	beca, la	(8)	campana, la	(1)
asombroso(a)	(12)	beneficio, el	(4)	campanario, el	(1)
aspiración, la	(6)	besar	(9)	campo, el	(1)
aspirar	(6)	beso, el	(2)	cana, la	(4)
asustado(a)	(1)	biblioteca, la	(1)	cancelar	(8)
atacar	(14)	bienestar, el	(8)	candidato, el	(1)
atajo, el	(12)	bigote, el	(7)	canguro, el/la	(4)
ataque, el	(4)	billete, el	(9)	cansado(a)	(1)
atender	(11)	bocazas, el	(2)	cansarse	(3)
atentado, el	(13)	bocina, la	(9)	cantar	(1)
aterrizar	(7)	boda, la	(2)	canto, el	(3)
atesorar	(4)	bolígrafo, el	(1)	caos,el	(1)
atontado(a)	(12)	bolsa, la	(6)	capacidad, la	(3)
atracarse	(7)	bombón, el	(12)	capricho, el	(13)
atractivo(a)	(7)	borracho, el	(12)	carácter, el	(7)
atravesar	(2)	borrar	(1)	caracterizar	(7)
atreverse	(4)	bramido, el	(9)	cárcel, la	(1)
atropellado(a)	(3)	brillante	(12)	carecer	(8)
atroz	(3)	broma, la	(4)	cargar	(13)
audiencia, la	(3)	bruscamente	(4)	cariño, el	(4)
auditorio, el	(6)	bruto(a)	(14)	caritativo(a)	(13)
aula, el	(2)	bucear	(7)	carne, la	(3)
aullar	(9)	buhardilla, la	(7)	caro(a)	(6)
aura,el	(12)	bulto, el	(9)	carrera, la	(1)
ausentar	(1)	burbuja, la	(13)	cartas, las	(12)
autorizar	(11)	burdo(a)	(14)	castaño(a)	(7)
avances, los	(4)	burro, el	(3)	castigo, el	(14)
avanzar	(4)	buscador, el	(12)	casual	(1)
aventajado(a)	(12)	buscar	(1)	casualidad, la	(1)
aventura, la	(1)			catástrofe, la	(12)
avería, la	(11)	caballo, el	(9)	causa, la	(7)
avisar	(3)	caber	(6)	causar	(12)
aviso, el	(2)	cabina, la	(3)	cautiverio, el	(9)
ayudar	(1)	cabra, la	(9)	cavadito(a)	(7)
azar, al	(3)	cadáver, el	(1)	cazar	(1)
azotea, la	(2)	caer	(3)	celda, la	(4)
azumbre, el	(14)	cafetería, la	(1)	ceñido(a)	(4)
		caja, la	(13)	cerezo, el	(1)
bagatela, la	(14)	calamar, el	(4)	certamen, el	(13)
bailar	(9)	calcar	(9)	cesar	(14)
bajar	(1)	cálculo, el	(11)	césped, el	(1)
balance, el	(3)	cálido(a)	(2)	chaleco salvavidas, el	(2)
balar	(9)	caliente	(1)	chaleco, el	(12)
balcón, el	(4)	callar	(9)	chaqueta, la	(6)

gracioso(a)	(7)	ideales, los	(4)	inolvidable	(6)
grafía, la	(3)	idéntico(a)	(7)	inquietar	(14)
grafismo, el	(3)	identidad, la	(12)	inquieto(a)	(7)
grano, el	(7)	identificar	(12)	inquietud, la	(4)
grasa, la	(2)	identificativo, el	(3)	inquisitivo(a)	(1)
grave	(11)	idiosincrasia, la	(7)	institución, la	(2)
graznar	(9)	ignorar	(11)	insustituible	(4)
grillo, el	(1)	ilegal	(13)	intención, la	(3)
gripe, la	(14)	ilusión, la	(3)	intensidad, la	(1)
gritar	(9)	imaginable	(7)	intentar	(1)
grito, el	(3)	imaginar	(1)	intercambio, el	(2)
grúa, la	(2)	imbécil	(9)	interés, el	(1)
grueso(a)	(7)	impaciencia, la	(11)	interesado(a)	(13)
guapo(a)	(9)	impedir	(2)	interior, el	(8)
guardar	(4)	imposible	(1)	interminable	(1)
guasa, la	(13)	imprescindible	(14)	interpretación, la	(3)
guía, la	(1)	impresión, la	(3)	interruptor, el	(12)
guiado(a)	(4)	impresionar	(2)	intolerancia, la	(3)
guinda, la	(13)	impresora, la	(3)	intrigante	(8)
guión, el	(11)	imprevisto(a)	(1)	introducir	(3)
guitarra, la	(9)	inamovible	(7)	intuición, la	(12)
gustar	(3)	incompatible	(9)	inundado(a)	(8)
gustoso(a)	(9)	incompetente	(14)	inusual	(4)
		incomprensible	(4)	inventar	(8)
hábito, el	(9)	inconcebible	(13)	inventor, el	(14)
hacha, el	(3)	inconsciente	(11)	investigación, la	(13)
harto(a)	(4)	inconsolable	(1)	involucrarse	(2)
hecho, el	(2)	inconstante	(8)	ironía, la	(3)
helado, el	(3)	incontable	(4)	isla, la	(13)
helicóptero, el	(9)	inconveniente, el	(9)		
herido(a)	(14)	incorporar	(4)	jamás	(4)
herramienta, la	(2)	increíble	(2)	jardín, el	(7)
hipnotizar	(9)	inculto(a)	(7)	jaula, la	(14)
hipótesis, la	(1)	independizarse	(4)	jinete, el	(4)
histórico(a)	(3)	indicar	(4)	joder	(9)
hogar, el	(1)	inepto(a)	(6)	jornada, la	(4)
hojalata, la	(13)	infancia, la	(1)	jubilar	(3)
homosexual	(3)	inferior	(13)	juerga, la	(8)
horario, el	(9)	infidelidad, la	(9)	juerguista, el	(7)
horizontal	(3)	influencia, la	(8)	juez, el	(3)
horrible	(1)	informal	(8)	jugar	(2)
hortensia, la	(6)	informar	(11)	juicio, el	(4)
hospital, el	(1)	informe, el	(8)	justificar	(4)
hotel, e	(1)	infusión, la	(14)	juzgar	(6)
huerto, el	(1)	ingenioso(a)	(14)		
hueso, el	(3)	ingrato(a)	(12)	laboral	(9)
huir	(1)	ininteligible	(9)	laboratorio, el	(12)
humanitario(a)	(13)	injusticia, la	(14)	lado, el	(1)
humanizar	(3)	injusto(a)	(13)	ladrar	(9)
húmedo(a)	(6)	inmediatez, la	(11)	ladrido, el	(9)
humor, el	(12)	inmenso(a)	(12)	ladrillo, el	(7)
hundir(se)	(7)	inmigrante, el	(2)	laico(a)	(6)
		inmoral	(6)	lamentable	(4)
idea, la	(3)	innecesario(a)	(3)	lamentar(se)	(3)

lámpara, la	(3)	luchar	(8)	menopausia, la	(9)
lancha motora, la	(7)	lucidez, la	(14)	mensaje, el	(2)
lanzar	(2)	lunar, el	(7)	mental	(4)
lares, los	(13)			mentira, la	(3)
lata, la	(6)	madera, la	(12)	mentiroso(a)	(2)
latir	(4)	madrugada, la	(14)	menú, el	(1)
latitud, la	(9)	madrugar	(8)	merecer	(4)
lavabo, el	(1)	maduro(a)	(7)	merienda, la	(7)
lealtad, la	(12)	maestro, el	(3)	metal, el	(3)
legalizar	(6)	magia, la	(12)	meter	(2)
legislador, el	(6)	mágico(a)	(1)	mezcla, la	(14)
legitimar	(6)	majadería, la	(7)	miedo, el	(1)
lenteja, la	(13)	maldición, la	(12)	miel, la	(13)
león, el	(9)	maleta, la	(13)	miembro, el	(13)
leonado(a)	(12)	malformación, la	(4)	mínimo(a)	(3)
levantarse	(11)	mancha, la	(4)	ministro, el	(13)
ley, la	(3)	manchado(a)	(12)	minúsculo, el	(12)
leyenda, la	(11)	mandar	(2)	mirada, la	(12)
liado(a)	(9)	mandato, el	(3)	mirar	(1)
liberar	(3)	manera, la	(9)	misterioso(a)	(12)
libra, la	(14)	manía, la	(2)	modelado(a)	(14)
libre	(1)	manifestar	(2)	modelo, el/la	(7)
librería, la	(7)	manta, la	(13)	modista, el/la	(9)
licencia, la	(12)	mantener	(3)	mojar	(6)
lícito(a)	(3)	mantequilla, la	(13)	monitor, el	(4)
líder, el/la	(4)	manualidades, las	(9)	monja, la	(13)
ligón, el	(9)	maravilla, la	(12)	montar	(12)
limitar	(12)	marcar	(7)	montón, el	(9)
límite, el	(2)	marcha, la	(4)	morir	(1)
limonada, la	(12)	marchar(se)	(2)	mortalidad	(3)
limpiar	(1)	marearse	(6)	mosca, la	(1)
limpieza, la	(4)	maricón(a), el/la	(3)	mostrar	(4)
lío, el	(4)	mariposa, la	(1)	mote, el	(13)
liso(a)	(7)	mariscada, la	(12)	motivo, el	(6)
lista, la	(2)	marisquería, la	(2)	motor, el	(7)
listo(a)	(4)	marrano, el	(12)	mover(se)	(1)
llama, la	(3)	materno(a)	(9)	movido(a)	(8)
llamada, la	(6)	matiz, el	(12)	móvil, el	(1)
llanto, el	(4)	matizar	(2)	muchacho, el,	(1)
llave, la	(1)	matrícula, la	(4)	mudarse	(2)
llegar	(1)	matricular(se)	(4)	mueble, el	(14)
llenar	(4)	maullar	(2)	multa, la	(8)
llevar(se)	(1)	máximo(a)	(4)	múltiple	(12)
llorar a mares	(1)	mayoría, la	(13)	murmurar	(14)
llorar	(11)	mecánico(a)	(2)	mutar	(4)
lluvia, la	(6)	mecanismo, el	(1)		
lobo, el	(9)	medianoche, la	(1)	nacer	(8)
local	(4)	medida, la	(2)	nacional	(3)
localizado(a)	(14)	medio, el	(2)	naranja, la	(14)
localizar	(1)	medir	(13)	nariz, la	(14)
loco(a)	(9)	mejorar	(2)	narrar	(2)
locura, la	(9)	melena, la	(7)	natación, la	(9)
locutor, el	(8)	melenudo(a)	(13)	naturaleza, la	(2)
lograr	(2)	mencionar	(13)	naturalidad, la	(8)

navegar	(6)	ondulado(a)	(7)	pasear	(4)
necesitar	(1)	onza, la	(14)	paseo, el	(9)
negar	(3)	operario, el	(1)	pata, la	(11)
negarse	(8)	opinar	(2)	paterno(a)	(2)
negativo(a)	(2)	opinión, la	(2)	patrón, el	(9)
negro(a)	(7)	oponerse	(6)	payasada, la	(12)
nervio, el	(9)	oportunidad, la	(2)	pecas, las	(7)
nervioso(a)	(3)	optimista	(3)	pedante	(7)
neurasténico(a)	(2)	ordenado(a)	(7)	pedido, el	(2)
nevar	(7)	ordenador, el	(1)	pedir	(1)
nevera, la	(6)	ordenanza, el	(4)	pedrada, la	(12)
nieve, la	(12)	ordenar	(2)	pegar	(1)
noche, la	(1)	oreja, la	(12)	peine, el	(4)
nocturno(a)	(9)	organismo, el	(2)	pelado(a)	(6)
nómada	(1)	organización, la	(2)	pelar	(14)
nombrar	(12)	oriental	(14)	pelear(se)	(12)
norma, la	(3)	origen, el	(13)	película, la	(1)
normal	(3)	original	(12)	peligro, el	(4)
normativo	(3)	osadía, la	(3)	pelirrojo(a)	(7)
nostálgico(a)	(1)	oveja, la	(9)	pelota, la	(14)
nota, la	(2)			pelusa, la	(14)
notable	(7)	paciencia, la	(6)	pensión, la	(12)
novela, la	(1)	padecer	(1)	penumbra, la	(4)
novio, el	(8)	pagar	(4)	perder	(3)
nutrición, la	(13)	país, el	(2)	perdido(a)	(9)
		paisaje, el	(6)	perdón, el	(4)
obedecer	(4)	pájaro, el	(1)	perdonar	(2)
objeto, el	(4)	paje, el	(9)	período, el	(1)
obligar	(2)	pálido(a)	(7)	perjudicar	(3)
obra, la	(12)	palillo, el	(14)	permanecer	(7)
observar	(11)	paliza, la	(14)	permitir	(1)
obsesionado(a)	(9)	pandereta, la	(7)	perro, el	(9)
obstáculo, el	(6)	pánico, el	(11)	persecución, la	(3)
ocasión, la	(2)	pantalla, la	(11)	persona, la	(1)
ocioso(a)	(3)	pantalón, el	(9)	personaje, el	(9)
ocupado(a)	(1)	pañuelo, el	(14)	personal	(4)
ocupar (se)	(3)	papelera, la	(12)	pertenecer	(13)
ocurrir	(2)	paquete, el	(11)	pesado(a)	(14)
odiar	(9)	parada, la	(1)	pescado, el	(13)
odio, el	(3)	paraguas, el	(6)	pescar	(6)
ofendido(a)	(4)	paraíso, el	(14)	peso, el	(12)
oferta, la	(6)	paraje, el	(7)	pez, el	(3)
oficina, la	(1)	paralítico(a)	(12)	piano, el	(9)
oficio, el	(3)	paralizado(a)	(1)	piar	(9)
ofrecer	(2)	pareja, la	(8)	picar	(14)
oído, el	(9)	pariente, el	(4)	picudo(a)	(4)
oír	(1)	pariota, el	(3)	pie, el	(1)
ojeras, las	(7)	parlamentario(a)	(6)	piedra, la	(4)
ojo, el	(1)	parlotear	(4)	piel, la	(14)
ola, la	(3)	particular	(4)	pintar	(3)
oler	(6)	partida, la	(12)	pintoresco(a)	(6)
oliva, la	(13)	partido, el	(13)	pista, la	(9)
olvidar	(1)	pasajero, el	(11)	placer, el	(9)
ombligo, el	(12)	pasar	(1)	plácido(a)	(1)

plaga, la	(4)	prioritario(a)	(8)	rato, el	(3)
plantar	(12)	prisa, la	(1)	reacción, la	(13)
plantar(se)	(4)	probable	(6)	reaccionar	(12)
plantas, las	(2)	probar	(2)	reafirmar	(12)
planteamiento, el	(8)	proceder	(8)	rebelde, el/la	(14)
plástico, el	(8)	proceso, el	(13)	rebeldía, la	(8)
platicar	(14)	procurar	(4)	rebuznar	(9)
plato, el	(2)	prodigioso(a)	(12)	recado, el	(11)
playa, la	(4)	profesar	(4)	recepción, la	(9)
plaza, la	(11)	profesión, la	(2)	receta, la	(14)
plazo, el	(4)	profesional, el, la	(6)	rechazar	(4)
pluma, la	(1)	profundo(a)	(6)	rechazo, el	(8)
pobre	(1)	programado(a)	(4)	reciclar	(4)
policía, la	(1)	prohibir	(12)	recogedor, el	(14)
político(a)	(13)	prometer	(2)	recoger	(2)
portarrollos, el	(14)	promoción, la	(4)	recomendar	(2)
portero, el	(2)	proponer	(4)	reconocer	(2)
porvenir	(3)	proporcionar	(14)	reconocido(a)	(4)
posibilidad, la	(3)	propósito, el	(2)	recorrer	(3)
positivo(a)	(2)	propuesta, la	(14)	recreo, el	(4)
postura, la	(1)	protagonista, el/la	(11)	recto(a)	(7)
potente	(7)	protagonizar	(7)	recuerdo, el	(9)
pozo, el	(1)	protección, la	(4)	recuperar	(4)
práctico	(8)	protector, el	(6)	recurrir	(4)
precaución, la	(12)	protestar	(13)	redactar	(8)
preceder	(3)	providencial	(3)	redondo(a)	(4)
precio, el	(2)	provocar	(1)	reescribir	(3)
precioso(a)	(4)	provocativo(a)	(7)	referente	(14)
preciso(a)	(9)	próximo(a)	(1)	refilón, el	(14)
predicar	(4)	proyecto, el	(6)	reflexión, la	(6)
preferir	(3)	prueba, la	(13)	refrenado(a)	(13)
premio, el	(13)	publicidad, la	(12)	refugio, el	(9)
preocupación, la	(7)	público, el	(9)	regalar	(2)
preocupado(a)	(8)	público(a)	(4)	regalo, el	(2)
preocupar(se)	(2)	pueblo, el	(1)	regar	(2)
preparación, la	(9)	puerto, el	(3)	regla, la	(13)
preparado(a)	(1)	puesto, el	(4)	relación, la	(4)
preparar(se)	(2)	pulmón, el	(9)	relamer	(14)
prepotencia, la	(3)	punta, la	(13)	relevar	(1)
presencia, la	(1)	puñalada, la	(13)	relinchar	(9)
presentación, la	(2)	puro, el	(12)	reloj, el	(1)
presentar	(1)			remojo, el	(14)
presidir	(13)	quebrantar	(14)	rencor, el	(4)
presión, la	(9)	queja, la	(2)	repasar	(4)
presionar	(4)	quejarse	(2)	repaso, el	(14)
prestar	(8)	quemar(se)	(4)	repera, la	(13)
prestigio, el	(4)			repetir	(1)
presumir	(14)	racial	(7)	representar	(3)
presupuesto, el	(2)	racismo, el	(13)	reptil, el	(6)
pretender	(1)	radio,la	(8)	requerir	(3)
prevaricación, la	(13)	rapidez, la	(3)	resentimiento, el	(8)
prevención, la	(2)	rápido(a)	(11)	reserva, la	(2)
previsto(a)	(7)	raro(a)	(1)	reservar	(13)
primo, el	(2)	rasgo, el	(7)	resolver	(9)

respetar	(6)	secar	(6)	social	(6)
respeto, el	(1)	secreto, el	(2)	sofá, el	(13)
respirar	(4)	secuestrado(a)	(13)	sofisticado(a)	(8)
responsabilizar	(14)	sede, la	(4)	sol, el	(1)
responsable, el/la	(3)	seductor, el	(7)	soledad, la	(6)
resto, el	(3)	seguido(a)	(3)	soler	(1)
resultado, el	(2)	seguir	(1)	solicitud, la	(8)
retiro, el	(4)	seguro, el	(3)	solución, la	(4)
retrasar	(8)	seguro(a)	(1)	sombra, la	(12)
retraso, el	(11)	seleccionado(a)	(2)	sombrero, el	(12)
reunión, la	(1)	seleccionar	(4)	sombrío(a)	(7)
reunir	(13)	sello, el	(9)	somnoliento(a)	(1)
revelado(a)	(2)	selva, la	(7)	sonar	(3)
revisar	(2)	semejante	(3)	sonido, el	(3)
revolucionario(a)	(3)	sencillo(a)	(3)	sonoridad, la	(4)
revuelo, el	(11)	sentado(a)	(6)	sonreír	(14)
rico(a)	(1)	sentar(se)	(1)	sonrisa, la	(7)
ridiculez, la	(11)	sentido, el	(9)	sonrojo, el	(9)
ridículo, el	(4)	sentir	(1)	soñar	(1)
riesgo, el	(3)	sentirse	(12)	soportar	(6)
rigor, el	(3)	separado(a)	(7)	sorprender	(2)
rincón, el	(1)	separar	(2)	sorpresa, la	(2)
río, el	(4)	sequía, la	(4)	sospechar	(3)
rizado(a)	(7)	serenarse	(11)	sostener	(2)
robar	(1)	serio(a)	(1)	sótano, el	(7)
rodaje, el	(11)	sermón, el	(8)	suave	(1)
rodar	(11)	servir	(9)	subasta, la	(12)
rodear	(12)	sesión, la	(9)	subir	(11)
rogar	(2)	sevillanas, las	(4)	subvención, la	(12)
rol, el	(13)	siesta, la	(6)	suceder	(7)
romper(se)	(3)	siglo, el	(3)	sucesor(ra)	(9)
rubio(a)	(7)	significado, el	(8)	sucio(a)	(8)
rugido, el	(9)	significar	(1)	suegro, el	(14)
rugir	(9)	siguiente	(9)	sueldo, el	(4)
rumbo, el	(2)	silicona, la	(14)	suelo, el	(14)
rupestre	(3)	simpático(a)	(7)	sueño, el	(1)
		simplificar	(3)	suerte, la	(9)
sábana, la	(2)	simposio, el	(12)	suficiente	(13)
sacar	(1)	sincero(a)	(7)	sufrimiento, el	(4)
sal, la	(12)	síndrome, el	(12)	sugerencia, la	(14)
sala de espera, la	(1)	singularizar	(7)	sugerir	(2)
salado(a)	(13)	síntesis, la	(1)	suicidio, el	(6)
salir	(1)	sitio, el	(1)	sujetar	(14)
salón, el	(8)	situación, la	(6)	supermercado, el	(13)
salud, la	(3)	situarse	(6)	superstición, la	(12)
saludar	(4)	soberbio(a)	(7)	suponer	(1)
saludo, el	(2)	sobrar	(3)	suprimir	(9)
salvaje	(12)	sobre, el	(2)	supuesto(a)	(7)
salvar	(3)	sobredosis	(3)	surco, el	(7)
sano(a)	(1)	sobrellevar	(9)	surgir	(4)
santo(a)	(3)	sobresaltado(a)	(1)	suspender	(1)
sapo, el	(3)	sobresalto, el	(7)	sustituición, la	(2)
satén, el	(13)	sobrevolar	(9)	sustituir	(13)
secador, el	(2)	sobrino, el	(3)	sutil	(1)

tabaco, el	(3)	trámite, el	(12)	ventaja, la	(9)
tacaño(a)	(7)	tramo, el	(13)	ventana, la	(7)
talla, la	(12)	tranquilizante, el	(3)	ventanilla, la	(12)
tardar	(1)	tranquilizar	(11)	ventilador, el	(14)
tardío(a)	(8)	tranquilo(a)	(4)	verdín, el	(12)
tarta, la	(2)	tránsito, el	(11)	verdura, la	(12)
tatuaje, el	(7)	transmitir	(11)	vergüenza, la	(14)
tebeo, el	(9)	transportar	(9)	verso, el	(3)
tela, la	(9)	transporte, el	(11)	vertedero, el	(4)
tema, el	(2)	trasladar	(2)	vértigo, el	(4)
temblar	(4)	trastada, la	(13)	vestido, el	(9)
temer	(4)	tratadista, el/la	(13)	vestir	(8)
temporada, la	(2)	tratado, el	(3)	veterinario, el	(7)
temprano	(2)	tratamiento, el	(2)	vía, la	(1)
tender	(2)	tratar	(2)	viajar	(1)
tener	(1)	trauma, el	(1)	viaje, el	(2)
teñido(a)	(7)	travesía, la	(2)	vicio, el	(12)
teñir	(4)	trayectoria, la	(4)	vídeo, el	(1)
terciopelo, el	(12)	tremendo(a)	(9)	viejo(a)	(8)
terminar	(1)	trigo, el	(13)	viento, el	(1)
término, el	(4)	triunfador, el	(13)	vigilar	(13)
terraza, la	(6)	trofeo, el	(13)	vino, el	(13)
terrestre	(12)	tumbado(a)	(1)	viñeta, la	(9)
terrible	(11)	turbulencia, la	(7)	violencia, la	(7)
terrícola, el	(4)	turno, el	(4)	violento(a)	(2)
terror, el	(3)	tutelar	(2)	violín, el	(9)
testigo, el/la	(14)	tutor, el	(2)	virtual	(3)
tetrapléjico(a)	(6)			virtud, la	(6)
tienda, la	(3)			visibilidad, la	(7)
tijeras, las	(9)	ubicado(a)	(13)	visión, la	(6)
tío, el	(1)	universitario(a)	(3)	visual	(9)
tirado(a)	(8)	urbanización, la	(7)	vitalidad, la	(3)
título, el	(12)	urgente	(2)	viudo(a)	(1)
tocar	(1)	utilizar	(1)	vivienda, la	(8)
tolerancia, la	(3)	utopía, la	(12)	vivir	(2)
tono, el	(8)			vivo(a)	(1)
tontear	(1)			volante, el	(9)
tontería, la	(1)	vaca, la	(3)	volar	(11)
tonto(a)	(9)	vacío(a)	(4)	volumen, el	(1)
tormenta, la	(7)	vagido, el	(9)	voluntad, la	(3)
torneo, el	(8)	vago(a)	(7)	volver	(1)
torrencial	(6)	valer	(6)	voz, la	(1)
tos, la	(1)	valor, el	(2)	vuelo, el	(3)
toxicómano, el	(2)	valoración, la	(2)	vuelta, la	(1)
trabajar	(2)	vaqueros, los	(4)	vulgar	(12)
trabajo, el	(1)	variar	(7)		
traducir	(8)	vaso, el	(8)	yoga, el	(9)
traer	(3)	vasto(a)	(3)		
tragedia, la	(1)	vecino, el	(2)		
trágico(a)	(8)	vela, la	(2)	zapatilla, la	(14)
traje, el	(1)	vendado(a)	(14)	zapato, el	(4)
		vender	(2)		